Im Jeepney durch die Zeit

Eine Deutsch-Philippinische Zeitreise

1. Auflage, 2025

Autoren: Christian Weichselfelder, Andrew Weichselfelder

Herausgeber und Rechteinhaber:
Studio Hohenfeld GbR
Krausstraße 1, 97318 Kitzingen, Deutschland
E-Mail: studiohohenfeld@gmail.com

Verlag: BoD · Books on Demand GmbH, Überseering 33, 22297 Hamburg, bod@bod.de
Druck: Libri Plureos GmbH, Friedensallee 273, 22763 Hamburg

ISBN: 978-3-8192-4740-8

Für Papa und Mama

Inhalt

Vorwort

Dieses Buch ist unsere Reise – eine Reise durch die Zeit, durch zwei Kulturen, zwei Heimaten und zwei Identitäten. Wir, Christian (*1992) und Andrew (*1994), sind Brüder, die in Deutschland geboren und aufgewachsen sind. Doch unsere Wurzeln reichen tief bis in die Philippinen. Unsere Mama ist Filipina, unser Papa Deutscher – und schon als Kinder lebten wir zwischen zwei Welten: zwischen fränkischem Dorfleben und tropischen Sommern, zwischen Bratwurst und Mango, zwischen deutschen Vereinsfesten und philippinischen Fiestas.

Die Philippinen und Deutschland unterscheiden sich in vielen Bereichen – nicht nur in der Kultur, sondern auch in ihrer Lage, Größe und Bevölkerungszahl. Die Philippinen liegen in Südostasien und bestehen aus über 7.000 Inseln. Dort leben etwa 115 Millionen Menschen auf rund 300.000 Quadratkilometern. Deutschland liegt in Mitteleuropa, ist mit etwa 357.000 Quadratkilometern etwas größer, hat aber mit rund 84 Millionen Einwohnern weniger Menschen. Zwischen beiden Ländern liegen über 10.000 Kilometer – was sich auch im Klima, im Alltag und in der Sicht auf die Welt zeigt.

Unsere Geschichte ist geprägt von diesen Gegensätzen – von Momenten, in denen wir uns zu Hause fühlten, aber auch von solchen, in denen wir zwischen den Welten schwankten.

Mit diesem Buch nehmen wir euch mit auf unsere ganz persönliche Zeitreise. Ich, Christian, schreibe diese Zeilen, doch mein Bruder Andrew begleitet mich auf jedem Schritt, denn diese Geschichte gehört uns beiden.

Der Jeepney, das ikonische philippinische

Fortbewegungsmittel, ist mehr als nur ein Transportmittel. Er steht für das philippinische Lebensgefühl – bunt, voller Geschichten, manchmal chaotisch, aber immer lebendig. Genau so war auch unser Leben zwischen zwei Kulturen. Der Titel „Im Jeepney durch die Zeit" steht für unsere Zeitreise: eine Fahrt voller Erinnerungen, Begegnungen und Erfahrungen, die uns geprägt haben.

Die Sommer auf den Philippinen fühlten sich oft an wie eine Reise in eine andere Zeit – als würde man in eine Welt eintauchen, in der die Uhren langsamer gingen, die Familie im Mittelpunkt stand und das Leben vom Takt der Natur, von Festen und Gemeinschaft bestimmt wurde. Deutschland hingegen war geprägt von Struktur, Planung und Vorhersehbarkeit. Zwei Gegensätze? Vielleicht. Für uns war es jedoch stets ein Balanceakt – manchmal eine Brücke zwischen zwei Welten, manchmal ein Spagat dazwischen.

Was erwartet dich in diesem Buch? Es sind unsere Erinnerungen, unsere Erlebnisse und Reflexionen. Wir erzählen von festlichen Nächten in San Roque und gemütlichen Nachmittagen auf fränkischen Dorffesten, von Abschieden und Heimkehr, von Identität und Zugehörigkeit. Es geht ums Aufwachsen in einer globalisierten Welt, um Migration und die Frage, wie man in zwei Kulturen lebt, ohne eine davon zu verlieren. Und manchmal geht es auch um die Suche nach Schätzen – um die Vorstellung, dass irgendwo zwischen den Inseln vielleicht doch noch Gold, alte Karten oder vergessene Geschichten verborgen liegen.

Doch unsere Geschichte ist nicht einzigartig. Vielleicht erkennst du dich darin wieder oder kennst jemanden, der ähnliche Erfahrungen gemacht hat. Viele Menschen mit Migrationshintergrund bewegen sich zwischen zwei Welten – und genau diese Verbindungen, Herausforderungen und Geschichten wollen wir mit diesem Buch teilen.

Darüber hinaus werfen wir einen Blick auf gesellschaftliche Themen – von Migration bis hin zu den kulturellen Unterschieden zwischen Deutschland und den Philippinen. Wir sprechen über die Arbeit der Kinderhilfe Philippinen e.V., unsere persönlichen Erfahrungen und die Themen, die wir in unserem Podcast „Alman ist Lost" diskutieren.

Dieses Buch ist für uns eine Reise zurück zu den Augenblicken, die uns geprägt haben – eine Fahrt im Jeepney, der uns nicht nur durch Landschaften, sondern durch die Zeit trägt. So unterschiedlich unsere beiden Heimaten auch sind – in uns haben sie ihren Platz gefunden und sind zu einer geworden.

Steig ein – und begleite uns auf dieser besonderen Reise.

TEIL 1: KASSETTEN (1996 - 2008)

Digitalisieren

VHS-Kassetten sind für viele Familien wie kleine Zeitkapseln – Erinnerungen aus einer analogen Ära, lange bevor das digitale Zeitalter begann. Damals hielt man besondere Momente nicht auf Smartphones oder in der Cloud fest, sondern auf diesen schwarzen Kunststoffkassetten, die sorgfältig beschriftet und in Schränken verstaut wurden. Über Jahre hinweg lagen sie dort unbeachtet – geduldig wartend, wiederentdeckt zu werden.

Für uns begann die eigentliche Zeitreise im Jahr 2024, als die Idee zu diesem Buch entstand – und wir schließlich all diese alten Videos digitalisierten. Mit jedem Bild, jedem Ton wurden vergangene Momente wieder lebendig – als würde man durch die Zeit zurückkreisen.

Bei meiner Patentante borgten wir uns einen alten Videorekorder (unseren eigenen hatten wir längst entsorgt), und nach kurzer Suche im Internet fanden wir einen passenden Adapter, um die analogen Aufnahmen auf unseren PC zu übertragen. Es war der Beginn eines gewaltigen Projekts: Mindestens 50 Kassetten voller Erinnerungen warteten darauf, wieder zum Leben erweckt zu werden.

Unser Papa war ein begeisterter Hobbyfilmer. Mit seiner Super-8-Videokamera hielt er besondere Momente fest – darunter seinen Besuch bei den Olympischen Spielen 1972 in München. Zu seinen frühesten Aufnahmen gehörten auch Filme einer Reise nach Südfrankreich in den Jahren 1974 und 1975, auf der er Orte wie St. Tropez und Monaco mit der Kamera festhielt. Während er die beeindruckenden Landschaften und lebendigen Szenerien filmte, kommentierte er die Aufnahmen mit seiner Stimme und erzählte dazu kleine Geschichten – wertvolle Erinnerungen, die beinahe verloren gegangen wären, hätten wir die Kassetten nicht rechtzeitig digitalisiert.

Eine Geschichte hat sich besonders in unser Gedächtnis eingebrannt: Sein Freund, der einige Jahre zuvor in Frankreich gewesen war, begleitete ihn auf dieser Reise. Gemeinsam besuchten sie eine französische Familie, mit der er damals in Kontakt stand. Das Wiedersehen war herzlich, fast vertraut, und das gemeinsame Essen wurde von unserem Papa liebevoll festgehalten. Es war eine Reise in eine vergangene Zeit, die wir selbst nie erlebt haben – die durch diese Kassetten jedoch auf einmal ganz nah und lebendig wurde.

Die Aufnahmen weckten auch Sehnsucht und Wehmut. Wie gern hätten wir diese Videos mit ihm zusammen angeschaut. Doch wie so oft im Leben schob man solche Dinge vor sich her. Erst nach seinem Tod fanden wir die Zeit – und den Mut –, uns mit diesen Erinnerungen auseinanderzusetzen. Nun mussten wir uns allein durch die Bilder arbeiten, rätseln, wer die Menschen auf den Aufnahmen waren, und versuchen, uns vorzustellen, wie diese Reisen wohl für ihn waren.

Besonders eindrucksvoll waren die Bilder aus Monaco. Jahre später stand zumindest einer von uns in Monaco – und erkannte vieles wieder: das Casino, die Promenade, den exotischen Garten.

Diese Kassetten sind für uns mehr als nur Videomaterial. Sie sind eine Brücke in die Vergangenheit, ein Schatz, der uns dabei hilft, die Geschichten unserer Familie zu bewahren. Vielleicht brauchten wir die Zeit und die Reife, um dieses Projekt anzugehen. Vielleicht war genau jetzt der richtige Moment, um diese Erinnerungen festzuhalten – für uns, für unsere Familie und für alle, die uns durch dieses Buch begleiten.

Bevor wir auf den Philippinen landen, steht zunächst der ,Check-in' an – und der umfasst nicht nur das Gepäck, sondern auch ein paar wichtige Infos über das Land.

Kapitel 1: Check-In

Die Vorbereitungen für unsere Reisen auf die Philippinen waren jedes Jahr ein kleines Abenteuer für sich. Dank unserer Mama hatten wir als Familie großzügige 40 Kilo Freigepäck pro Person – eine Regelung, die uns als Familie mit philippinischen Wurzeln zustand und die wir jedes Jahr voll ausschöpften. *Balikbayan* wird dieser Flugtarif genannt, was so viel heißt wie „zurück nach Hause". Diese zusätzlichen Kilos waren auch dringend nötig, denn wir reisten nie leicht.

Die Packaktion begann immer frühzeitig – mit einer Liste, die jeden Sommer länger zu werden schien. Neben unseren eigenen Sachen hatten wir nicht selten auch etwas für Freunde oder Familie dabei, die uns gebeten hatten, ein Paket oder eine bestimmte Kleinigkeit mitzunehmen. Es waren Geschenke, Sonderwünsche oder auch alltägliche Dinge aus Deutschland, die dort schwer zu bekommen waren. Unsere Mama stellte sicher, dass nichts vergessen wurde.

Unser eigenes Gepäck war dabei alles andere als minimalistisch. Die Koffer füllten sich mit Kleidung für jede Situation, deutschen Süßigkeiten und anderen Kleinigkeiten, die wir unbedingt dabei haben wollten. Es war immer eine Herausforderung, all diese Kilos zu organisieren, auf die einzelnen Koffer zu verteilen und sicherzustellen, dass keiner überladen war. Der Abschied am Flughafen war dann stets ein Balanceakt, wenn wir unsere Koffer schoben und uns gegenseitig halfen, das Gepäck in Richtung Check-in zu bekommen.

Jedes Jahr sagten wir uns, dass wir beim nächsten Mal weniger mitnehmen würden. Aber wie das so ist: Mit der Vorfreude auf die Philippinen wuchs auch die Packliste – und am Ende war alles wieder bis zur letzten Grammzahl ausgereizt. Die vielen Kilos bedeuteten Arbeit, aber auch das Gefühl, ein kleines Stück Deutschland mitzunehmen – das für Familie und Freunde dort mindestens so viel wert war wie für uns.

Schatzinseln

Die Philippinen bestehen aus über 7.000 Inseln – eine faszinierende Welt voller Geschichten, Kulturen und Geheimnisse. Schon vor über tausend Jahren waren viele dieser Inseln bewohnt, was sich noch heute in der vielfältigen Kultur des Landes widerspiegelt. Tänze, Musik, Sprache und Bräuche erzählen von einer reichen Vergangenheit, geprägt von alten Königreichen, Stammesgesellschaften und regen Handelsbeziehungen über das Meer.

Früher haben Andrew, Papa und ich oft darüber nachgedacht, welche Schätze wohl an den Stränden vergraben sein könnten. Vielleicht haben wir uns ein bisschen wie Entdecker gefühlt, wenn wir davon träumten, irgendwo eine alte Truhe auszugraben – voll mit Gold, Silber oder geheimen Aufzeichnungen. Aber irgendwann mussten wir auch zur Kenntnis nehmen: Wahrscheinlich hatte jemand vor uns diesen Schatz schon längst entdeckt und mitgenommen.

Vielleicht war es ein Schatz der spanischen Armada. Oder Goldbarren aus dem Tresor eines gesunkenen US-Militärschiffs. Vielleicht waren es geheime Dokumente von einem arabischen Handelsschiff. Oder doch die sagenumwobenen Schätze eines japanischen Kriegsschiffs aus dem Zweiten Weltkrieg? Wer weiß – vielleicht sogar etwas aus der Zeit der chinesischen Seefahrer, die schon lange vor den Europäern hier unterwegs waren. Denn eines ist klar: Im Laufe der Geschichte waren viele hier. Händler, Eroberer, Piraten, Entdecker – sie alle haben ihre Spuren auf den Inseln hinterlassen.

Doch einer der größten Schätze der Philippinen ist kein

Schatz aus Metall oder Papier – es ist die Natur selbst. Die atemberaubende Artenvielfalt, die üppigen Regenwälder, die bunten Korallenriffe und seltenen Tierarten sind einzigartig. Auch wenn vieles davon in der Vergangenheit zerstört wurde, wächst langsam wieder etwas nach. Viele Menschen setzen sich heute dafür ein, diese natürlichen Schätze zu schützen und wiederherzustellen – damit sie nicht verloren gehen, sondern auch für zukünftige Generationen erhalten bleiben.

Sprachen

Die Philippinen sind sprachlich unglaublich vielfältig. Es gibt über 170 verschiedene Sprachen und Dialekte, die im ganzen Land gesprochen werden – von Region zu Region oft komplett unterschiedlich. Die beiden häufigsten Sprachen sind Tagalog, das vor allem in und um Manila gesprochen wird, und Visayan (auch Cebuano genannt), das in vielen südlichen Landesteilen dominiert. Trotz dieser sprachlichen Vielfalt ist Englisch eine der beiden offiziellen Amtssprachen des Landes – und genau das war auch immer unsere Brücke zur Familie.

Tagalog oder Visayan haben wir nie gelernt – auch wenn der Gedanke immer mal wieder aufkam. Stattdessen blieb es beim Englischen, mit dem wir uns problemlos mit unserer Familie auf den Philippinen verständigen konnten. Für unsere Mama war es damals besonders wichtig, schnell Deutsch zu lernen – nicht nur für den Alltag, sondern auch, um selbstständig zu werden, den Führerschein zu machen und arbeiten zu können. Die Landessprache zu beherrschen, öffnet jedem Menschen, der in ein neues Land kommt, ganz neue Möglichkeiten. So wurde Deutsch zur Sprache unseres Familienlebens – und heute spricht unsere Mama beeindruckend gut und sicher Deutsch.

Unser Papa hatte es da deutlich schwerer. Englisch fiel ihm schwer, weil er es nie gelernt hatte – in seiner Schulzeit war es einfach kein Unterrichtsfach. Diese fehlende Grundlage machte es ihm oft nicht leicht, vor allem im Kontakt mit unserer Familie auf den Philippinen. Und so kam es, dass wir auf Reisen fast ständig als Übersetzer unterwegs waren. Es wurde etwas auf Visayan gesagt, unsere Mama übersetzte für uns ins Deutsche, wir sprachen auf Englisch mit unseren Cousinen und übersetzten dann wieder für unseren Papa – und so weiter.

Wir trafen unterwegs auch mal deutsche Freunde, und dann drehten wir das Ganze um: Wir übersetzten vom Deutschen ins Englische für unsere philippinische Familie. Es war ein ständiges Hin und Her zwischen den Sprachen – manchmal anstrengend, aber auch irgendwie schön. Ein echtes Miteinander durch Kommunikation.

Als wir dann wieder zurück in Deutschland waren, haben wir dieses ständige Übersetzen und die sprachliche Vielfalt oft vermisst. In unserem fränkischen Dorf kam man mit dem Deutschen natürlich ganz gut durch den Alltag. Aber sobald wir wieder am Flughafen in Frankfurt standen, umgeben von Menschen, die in ganz unterschiedlichen Sprachen redeten, war das wie ein kleines Aufatmen. Es fühlte sich an, als würde die Welt wieder lebendig werden – als wären wir endlich wieder unterwegs.

Kapitel 2: August 1996

An unseren allerersten Flug können wir uns kaum erinnern – wir waren damals noch nicht ganz vier und zwei Jahre alt. Viele der Eindrücke leben für uns heute vor allem durch alte Fotos, Videos und die Geschichten unserer Eltern weiter.

Für unsere Mama war diese Reise eine ganz besondere Rückkehr: Zum ersten Mal seit fünf Jahren sollte sie wieder philippinischen Boden betreten – diesmal aber nicht allein, sondern mit uns beiden an ihrer Seite. Es war das erste Mal, dass wir unseren philippinischen Opa kennenlernen sollten. Wir nannten ihn liebevoll „Lolo Opa" – eine Mischung aus dem philippinischen Wort für Großvater, *Lolo*, und dem deutschen „Opa". Eigentlich bedeutete das „Opa Opa" – doppelt gemoppelt also. Aber für uns als Kinder machte das die Sache einfach greifbar und eindeutig.

Auch bei all den anderen, die uns auf den Philippinen erwarteten, war die Aufregung groß – Tanten, Onkel, Cousins und Cousinen, die uns bisher nur aus Erzählungen kannten. Eine ganze Großfamilie, die voller Vorfreude darauf war, uns endlich persönlich kennenzulernen.

Auch für unseren Papa war es ein bedeutender Moment – denn es war sein allererster Flug überhaupt. Noch Jahre später erzählte er uns mit einem Schmunzeln, wie aufgeregt er damals war. Der erste Start, das erste Mal über den Wolken – und das Ganze gleich mit zwei kleinen Kindern. Daraus entstanden so manche abenteuerliche Anekdoten: von Windeln, die mitten im Flug gewechselt werden mussten, über Orientierungslosigkeit in fremden Flughäfen bis hin zum Jonglieren mit Kinderwagen, Rucksäcken und Reisedokumenten.

Mit den Jahren wurden die Flüge fast schon zur Routine. Und wie das bei Wiederholungen so ist, entwickelten sich feste Rituale. Anfangs saßen wir Brüder manchmal noch getrennt, doch schon bald bekamen wir unsere festen Plätze: meistens in einem Zweier- oder Dreiersitz am Fenster. Andrew hatte traditionell den Platz am Fenster, ich saß in der Mitte, und Mama oder Papa saßen neben uns. Der andere Elternteil saß meist auf der gegenüberliegenden Gangseite – immer in unserer Nähe.

Die Reisen auf die Philippinen verliefen fast nie ohne Zwischenstopps. Jedes Jahr bedeutete: mehrmals umsteigen, neue Flughäfen entdecken, vier Flüge für Hin- und Rückreise – oft mit wechselnden Routen und Zwischenstationen. Doch all das wurde Teil unserer Reiseerfahrung, ein fester Bestandteil der Vorfreude. Die Flüge waren mehr als nur eine Verbindung zwischen zwei Orten – sie wurden zu einem Stück gelebter Familiengeschichte. Und vielleicht auch zu einem stillen Symbol dafür, dass wir diesen Weg immer gemeinsam gingen – verbunden, selbst über tausende Kilometer hinweg, irgendwo zwischen Himmel und Heimat.

Während Papa und Andrew hinten saßen, saß ich mit Mama vorne.

Bei der Recherche stießen wir auf ein altes Foto, das diesen besonderen Moment eingefangen hat: Mama mit uns beiden, direkt nach der Landung. Papa war – wie so oft – hinter der Kamera und hat diesen Augenblick für uns festgehalten. Ein stilles Zeugnis eines Anfangs, an den wir uns selbst längst nicht mehr erinnern.

Es gibt nur wenige Erinnerungen, die bis heute überdauert haben. Eine davon ist mein vierter Geburtstag. Ich erinnere mich an den Geburtstagskuchen, die Luftballons – und daran, dass Andrew unbedingt neben mir am Kuchen sitzen wollte.

Eine weitere Erinnerung führt mich zu einem Ausflug auf die Insel Limasawa. Es war ein Tag voller Sonne – eine kleine Entdeckungsreise auf dieser geschichtsträchtigen Insel. In den folgenden Jahren kamen noch viele Reisen hinzu, jedes Mal mit einer wachsenden Familie, und jedes Mal wurde uns dieses Land ein Stück vertrauter.

Auch wenn uns die Landessprache immer fremd blieb und wir nur wenige Wörter verstanden, hat sich die Verbundenheit mit den Philippinen tief in uns verwurzelt. Dieses Land wird uns nie fremd sein – es ist ein Zuhause, das wir immer wieder neu entdecken dürfen.

San Roque, wie es schöner kaum sein könnte – der Strand unserer Kindheit in einem Bild.

Jeepneys

Die Jeepneys gehören zu den bekanntesten Symbolen der Philippinen. Ihre Wurzeln reichen bis in die Zeit nach dem Zweiten Weltkrieg zurück, als zurückgelassene US-Militärjeeps von den Filipinos in bunte, kreative Sammeltaxis umgebaut wurden. Das Fahrgestell wurde verlängert, Bänke eingebaut – und mit viel Liebe zum Detail entstanden kunstvoll verzierte Fahrzeuge. So wurde aus dem „Jeep" und dem amerikanischen Begriff „Jitney" (für Sammeltaxi) das ikonische „Jeepney".

Über Jahrzehnte hinweg wurden Jeepneys nicht nur zu einem wichtigen Transportmittel, sondern auch zu einem Symbol für den Erfindungsgeist und die Lebensfreude der Filipinos. Selbst inmitten moderner Einkaufszentren, Hochhäuser und neu entwickelter Transportsysteme bleiben sie ein vertrautes Bild auf den Straßen – bunt, laut und voller Charakter.

Für uns war jede Fahrt mit dem Jeepney in die nächstgrößere Stadt Maasin ein kleines Abenteuer. Dort kauften wir regelmäßig ein, erledigten Besorgungen oder besuchten Verwandte. Einen festen Fahrplan gab es nicht – man stellte sich einfach an den Straßenrand und wartete: manchmal zehn, manchmal dreißig Minuten.

Der Einstieg war wie gewohnt hinten – eng, niedrig und ohne Komfort. TÜV-Prüfungen? Eher ein Fremdwort. Aber genau das machte den Charme aus. Alles war ein bisschen improvisiert, aber es funktionierte – irgendwie.

Oft hielt der Fahrer zwischendurch, um nachzutanken. Benzin wurde am Straßenrand verkauft, abgefüllt in alten Cola-Flaschen – ein Liter pro Flasche. Getankt wurde nur so viel, wie gerade nötig war, abhängig von den

Fahrgeldern, die bereits eingesammelt worden waren. Es war ein eingespieltes System, in dem jeder seine Rolle kannte.

Die Fahrt entlang der Küstenstraße von San Roque nach Maasin war jedes Mal ein Erlebnis. Der Fahrtwind, das Meeresrauschen und die vorbeiziehende Landschaft vermittelten ein Gefühl von Freiheit, Gelassenheit und purem Philippinen-Flair.

Diese Fahrten waren einfach – aber auch besonders. Sie brachten uns nicht nur von A nach B, sondern ließen uns das Land, die Menschen und das Leben auf den Philippinen ganz unmittelbar erleben. Auch wenn sich vieles verändert hat, bleibt das Jeepney ein Herzstück dieser Erfahrung – ein rollendes Stück Heimat und Erinnerung.

Fiesta

Jedes Jahr in der zweiten Augustwoche begann die Fiesta in unserem philippinischen Heimatdorf – ein Dorffest, das die ganze Gemeinde und viele ehemalige Bewohner aus aller Welt zusammenführte. Da die Feierlichkeiten perfekt mit den bayerischen Sommerferien zusammenfielen, waren wir viele Jahre immer zur Fiesta vor Ort. Diese Woche voller Rituale und Traditionen war uns ans Herz gewachsen.

Die Feierlichkeiten begannen schon Tage vor dem eigentlichen Festtag am 16. August, dem Tag des heiligen San Roque. Die Programme waren bunt und vielfältig: Bingo-Abende, Tanz- und Künstlerwettbewerbe sowie Konzerte von Bands, die für Stimmung sorgten und die Menschen zum Feiern brachten. Manchmal gab es sogar kleine Theaterstücke. Wir waren oft pünktlich um 20 Uhr da, bereit für den Programmbeginn – doch in echter philippinischer Manier ging es selten vor 22 Uhr los. So deutsch wir auch manchmal waren: Party war Party – und irgendwann gewöhnten wir uns daran und genossen einfach die Atmosphäre, bis es dann wirklich losging.

Am 16. August selbst, dem Höhepunkt der Fiesta, feierten wir nicht nur den heiligen San Roque, sondern auch meinen Geburtstag. So wurde es zur Tradition, dass ich mit Mama, meiner Tante und meinem Onkel früh um 6 Uhr zum Gottesdienst ging. Andrew und Papa schliefen aus und kamen nach dem Gottesdienst zum Frühstück dazu. Nachmittags folgte der große Festzug: Alle Schulklassen marschierten in ihren Uniformen, jede Klasse mit eigenen Instrumenten. Musik und Lachen erfüllten das Dorf, und der Festzug endete in der Schule, wo es

Aufführungen der einzelnen Klassen gab.

Die Fiesta war für uns immer auch ein Wiedersehen. Viele Familienmitglieder kehrten zurück – solche, die im Ausland lebten oder auf Schiffen arbeiteten. Nicht alle konnten jedes Jahr dabei sein, doch für diejenigen, die es schafften, war es ein echtes Heimkommen. So war es damals – und so ist es immer noch.

Aliens

Als Kinder waren die Philippinen für uns ein Land voller Geheimnisse und Geschichten – ein Ort, an dem die Grenze zwischen Wirklichkeit und Fantasie oft verschwamm. Eine dieser Geschichten war die von den „Aliens am Wasserfall". Der Wasserfall lag etwas außerhalb des Dorfes, verborgen hinter dichtem Grün. Wir kamen nur selten dorthin, doch jedes Mal, wenn er erwähnt wurde, war sofort auch die alte Erzählung wieder da – lebendig in unseren Köpfen.

Es war keine Geschichte, über die viel gesprochen wurde. Aber hin und wieder fiel im Dorf ein beiläufiger Satz wie: „Da oben am Wasserfall sollen welche sein." Ob damit wirklich Außerirdische gemeint waren oder einfach nur seltsame Wesen – vielleicht Geister oder Menschen aus einer anderen Welt – blieb unklar.

Auf den Philippinen gehören solche Erzählungen einfach zum Leben. Neben dem weit verbreiteten christlichen Glauben – vor allem dem Katholizismus – und dem Islam im Süden des Landes gibt es bis heute viele alte, naturverbundene Vorstellungen. In ihnen lebt der Glaube an Geister und Wesen, die in Flüssen, Bäumen, Bergen oder Wasserfällen wohnen. Diese alten Überzeugungen bestehen oft still neben der offiziellen Religion weiter – ganz selbstverständlich und ohne Widerspruch.

Vielleicht waren unsere „Aliens" in Wirklichkeit solche Naturgeister – oder einfach nur ein Produkt unserer kindlichen Fantasie. Doch genau das machte die Geschichte so besonders: Sie war nicht furchteinflößend, nie ganz real, aber gerade deshalb so faszinierend. Ein kleines Mysterium inmitten des Alltags, das unsere Kindheit auf den

Philippinen so reich an Magie und Wundern machte – in einem Land, in dem Glaube, Aberglaube und Geschichten schon immer Hand in Hand gingen.

Kapitel 3: Weihnachten 1997

In unserer Kindheit reisten wir fast immer während der bayerischen Sommerferien auf die Philippinen – doch das galt nicht für die frühen Jahre. Damals konnten wir noch die günstigeren Flüge außerhalb der Ferien nutzen. So kam es, dass wir im Dezember 1997 zu einer ganz besonderen Reise aufbrachen: Weihnachten und Neujahr auf den Philippinen. Für die nächsten 21 Jahre sollte es unser einziges Weihnachten dort gewesen sein.

Wir verbrachten die Feiertage unter Palmen, fernab der kalten Wintermonate in Deutschland, ohne unsere Oma und die Familie zu Hause. Das war neu – und in vielerlei Hinsicht besonders.

Einige Bruchstücke aus dieser Zeit sind mir noch im Gedächtnis geblieben. Zum Beispiel der künstliche Weihnachtsbaum, den wir mit Schokoladenanhängern schmückten – eine Idee, die nicht lange gut ging. In der tropischen Hitze schmolz die Schokolade natürlich sofort und sorgte für eine süß-klebrige Überraschung. Die Geschenke für uns Kinder hatten wir seltsamerweise schon vor Heiligabend in einem Supermarkt in Cebu gekauft. So bestätigte sich für mich, was ich schon eine Weile vermutet hatte: Das Christkind oder der Weihnachtsmann hatten offenbar wenig mit diesen Geschenken zu tun.

Die Weihnachtsfeier mit der philippinischen Familie war ein Fest für sich. Wir saßen zusammen, lachten und aßen – ein traditionelles Festessen, das jedoch ganz anders war als in Deutschland. Der Tisch, an dem wir saßen, war viel zu klein für all die Verwandten – doch das störte niemanden. Das Fest schien zu wachsen, immer mehr Menschen kamen und gingen, und die Stimmen füllten die Nachtluft. Es war ein Weihnachten der anderen Art – ein Fest voller Freude und Wärme, trotz der Hitze, die uns noch in der Nacht umgab.

Damals flog noch Philippine Airlines direkt von Frankfurt nach Manila – etwas, das in den Jahren danach nicht mehr möglich war. In vielerlei Hinsicht war diese Reise einzigartig: die Direktflüge, das Weihnachten in der Ferne und das Gefühl, für eine kurze Zeit dem deutschen Winter zu entkommen und in der Sonne Neujahr zu feiern.

Es sollte 21 Jahre dauern, bis wir wieder gemeinsam Weihnachten auf den Philippinen verbrachten. Ein letztes Mal zu viert. Ein letztes Mal, das wir diese Erinnerungen teilten – eine Tradition und ein Abschied zugleich.

Wir beide mit unserem Papa in der Bambushütte unseres Opas

* * *

26

Weihnachtslichter in San Roque: Impressionen aus 2018.

Brunnen

Als Kinder gehörte es zu unserem Alltag, Wasser am Brunnen zu holen. Der Brunnen lag etwa zehn Minuten entfernt, und dort standen wir dann gemeinsam mit unseren älteren Cousinen, pumpten das Wasser und trugen es zurück nach Hause.

Das Leitungswasser war nicht unbedingt das beste Trinkwasser – und das wussten wir. „Bottled Water" zu kaufen, also Wasser in Flaschen, war für viele ein zusätzlicher Kostenfaktor, den sich nicht jeder leisten konnte. Daher war es bei uns ganz normal, dass wir unser Wasser vom Brunnen holten. Die Routine war zwar ungewöhnlich für uns als Kinder, die Deutschland und Trinkwasser aus dem Wasserhahn gewohnt waren – aber auf den Philippinen gehörte es einfach dazu. Es war eben Teil des Lebens.

In diesen Momenten, als wir Eimer für Eimer Wasser nach Hause schleppten, lernten wir den Wert dessen kennen, was wir sonst als selbstverständlich ansahen. Wasser war hier mehr als nur eine Ressource – es war ein tägliches Gut, das Arbeit bedeutete und das man nicht verschwenden sollte.

Rückblickend ist es eine dieser Erinnerungen, die uns eine kleine, aber wichtige Lektion fürs Leben gelehrt haben.

Hahnenkämpfe

Auf den Philippinen ist der Hahnenkampf mehr als nur ein Spiel – er ist eine beinahe heilige Angelegenheit. Auch für unseren Opa hatte diese Tradition einen besonderen Stellenwert. Er war stolz auf seinen Hahn, den er gut trainierte und hegte. Wie viel der Hahn wirklich gewonnen hat, daran kann ich mich nicht mehr so genau erinnern. Doch eines war sicher: Der Hahn lebte lange – was darauf schließen ließ, dass er nicht allzu viele Kämpfe verloren haben konnte. Denn die meisten Hahnenkämpfe enden blutig, oft mit dem Tod.

Glücksspiel gehört untrennbar zu diesen Kämpfen. Menschen aus allen sozialen Schichten strömen herbei, in der Hoffnung, mit einer Wette das große Glück zu finden. Die Atmosphäre in der Arena ist zum Zerreißen gespannt, wenn die Kampfhähne aufeinandertreffen. Mit scharfen Klingen an ihren Beinen ausgestattet, stürzen sie sich unter den gebannten Blicken des Publikums aufeinander.

Vielleicht wird die Zeit eines Tages auch diesen Brauch einholen – aber auf den Philippinen dauert es oft länger, bis Veränderungen die Inseln erreichen. Zeitgemäß ist der Hahnenkampf sicher nicht mehr, das ist klar. Doch er ist tief in der philippinischen Kultur verwurzelt, und so bleibt es fraglich, ob und wann sich dieser Teil des Alltags ändern wird.

Bis dahin bleibt der Hahnenkampf eine Tradition, die viele Menschen zusammenbringt – im guten wie im schlechten Sinne.

Lotto

Jeden Mittwoch und Samstag war es das gleiche Ritual: Unser Papa spielte Lotto. Es war eine kleine, fest verwurzelte Routine in seinem Alltag. Auf den Philippinen wurde dieses Ritual zu einer besonderen Herausforderung, weil die Zeitverschiebung dafür sorgte, dass die Ziehungen dort immer am Donnerstag- und Sonntagmorgen stattfanden. Das hielt unseren Papa aber nie davon ab, sich die Lottozahlen zu beschaffen – es gehörte einfach dazu.

In den früheren Jahren, als es noch keine Handys oder kein Internet gab, musste unser Papa oft ins Nachbardorf zur Telefonzelle gehen, um die Lottozahlen zu erfragen. An diesen Donnerstagen und Sonntagen rief er unsere Oma an, und sie hatte die Zahlen bereits parat. Bevor sie ihm die Zahlen nannte, fragte sie uns immer, wie es uns auf den Philippinen ging – als wäre das Zahlenritual eine Gelegenheit, sich zu erkundigen, wie der Urlaub verlief. Sie wollte wissen, ob alles gut war, wie das Wetter sei und was wir so trieben. Das war typisch für unsere Oma – das Lottospiel war nur eine Nebenhandlung, die Familienverbindung stand immer im Vordergrund.

„Wie geht es euch, alles in Ordnung?", fragte sie jedes Mal, bevor sie die Lottozahlen durchgab. Während wir antworteten, saß unser Papa schon daneben, bereit, die Zahlen zu notieren. Sobald unsere Oma sie ihm genannt hatte, machte sie eine kleine Pause und fügte dann hinzu: „Und, habt ihr Glück?" Meistens hatten wir natürlich nicht die passenden Zahlen – doch das war nicht so wichtig. Irgendwie wurde dieses kleine Ritual zu einem festen Bestandteil.

Später, als die Technik fortschrittlicher wurde und wir

auf dem Hügel bei unserem Dorf endlich Handyempfang hatten, veränderte sich das Ritual ein wenig. Papa machte sich nun oft alleine auf den steilen Weg nach oben, um die Lottozahlen direkt per Handy abzurufen – ganz ohne den Umweg über eine Telefonzelle.

Einmal, kurz vor unserer Rückreise nach Deutschland, kam es zu einer besonderen Situation, die unseren Papa wirklich nervös machte. Wir sollten an einem Samstag zurückfliegen, doch durch Verzögerungen kamen wir erst am Sonntagmittag in Deutschland an. Er hatte den Lottoschein für den Samstag nicht spielen lassen, weil er dachte, wir würden rechtzeitig zurück sein. „Stell dir vor, genau an diesem Samstag passen die Zahlen, und der Schein zählt nicht", sagte er ernst. Für einen Moment schien der Gedanke an den verpassten Jackpot ihn wirklich zu beschäftigen.

Als wir dann am Sonntagmittag endlich in Deutschland ankamen und die Lottozahlen überprüften, stellte sich glücklicherweise heraus, dass es die falschen Zahlen waren. Die Erleichterung war groß – die Vorstellung, dass der große Gewinn ausgerechnet an diesem Samstag gekommen wäre, hätte uns wohl noch lange beschäftigt.

Auch auf den Philippinen gab es eine Lotterie – und genauso wie in Deutschland sahen wir oft Menschen vor den kleinen Buden stehen, in der Hoffnung auf den großen Gewinn. Die Sehnsucht nach einer Abkürzung zu einem besseren Leben schien überall dieselbe zu sein. Doch neben den offiziellen Lotterien gab es auch viele andere, weniger legale Glücksspiele, bei denen nicht selten der Vorschuss auf den Lohn verspielt wurde. Trotz der Risiken blieb die Hoffnung auf einen unerwarteten Geldsegen für viele ein Antrieb, es immer wieder zu versuchen.

Am Ende haben wir nie die großen Millionen gewonnen, und der vorgezogene Ruhestand blieb ein unerfüllter Traum. Doch dieses Ritual – egal ob in der Telefonzelle im

Nachbardorf, bei unserer Oma am Telefon oder auf dem Hügel mit schlechtem Empfang – war mehr als nur eine Gewohnheit. Es war eine kleine, aber beständige Verbindung zwischen uns, Deutschland und den Philippinen – eine Mischung aus Hoffnung, familiärer Nähe und der Freude am Spiel.

Kapitel 4: Februar 1999

Im Februar 1999 machten wir unsere letzte Reise auf die Philippinen, bevor ich in die Schule kam. Wir nutzten die Gelegenheit, denn ab diesem Jahr würden wir an die Sommerferien gebunden sein und nur noch in den deutschen Sommermonaten fliegen können. Diese Reise fiel in eine der schönsten Zeiten für die Philippinen – es war angenehm warm, ohne die drückende Hitze, die die späteren Monate oft mit sich brachten. Die Taifun-Saison war vorbei, und so konnten wir das Leben auf der Insel in vollen Zügen genießen.

Viele Erinnerungen an diese Reise sind verblasst – wie es so oft bei den ersten Lebensjahren ist –, doch eine Szene nach unserer Rückkehr ist bis heute lebendig geblieben. Wir hatten im Gepäck Mangos und Süßigkeiten aus den Philippinen, genug für alle unsere Freunde im Kindergarten. Und so kam es, dass wir nach dem Urlaub mit einem kleinen Koffer voller exotischer Leckereien in den Kindergarten zurückkehrten. Die Mangos sorgten für Begeisterung – und wir feierten ein kleines, fröhliches „Willkommen-zurück"-Fest.

Dieser letzte Urlaub vor der Schule markierte das Ende einer freien, ungebundenen Zeit, in der wir immer dann reisen konnten, wenn es für uns und unsere Eltern am besten passte. Bald würde die Schule unseren Jahresrhythmus bestimmen, und die Reisen würden immer in die Sommerferien fallen. Aber die Erinnerungen an diesen Februar, an die warme Sonne und die Freude im Kindergarten, bleiben für uns der perfekte Abschluss dieser frühen Reisejahre.

Peso-Millionär

Eine Sache, die uns auf den Philippinen immer wieder begegnete, war der lockere Umgang mit Zahlen – und vor allem mit dem Begriff „Millionär". Wir hörten oft von jemandem, den unser Papa immer nur den „Peso-Millionär" nannte. Der Titel hatte einen gewissen Klang, fast schon etwas Respektvolles, und wir wussten damals als Kinder zwar nicht genau, was dahintersteckte, aber der Begriff blieb hängen. „Peso-Millionär" – das klang beeindruckend. Doch mit der Zeit verstanden wir auch, dass der Titel nicht unbedingt bedeutete, was er in Deutschland bedeuten würde.

Die Umrechnung des Pesos schwankte über die Jahre hinweg stark. Mal war der Peso stark, mal schwach, und die Kurse bewegten sich in einem breiten Spektrum. Als ich dieses Kapitel schrieb, lag der Umrechnungskurs bei 1 Euro = 62 philippinische Peso (Stand: 24.10.2024). Mit diesem Wissen wurde uns klar, dass es theoretisch gar nicht so schwer wäre, auf den Philippinen „Millionär" zu werden – ohne im Lotto zu gewinnen. Umgerechnet wären dafür nur etwa 15.960,76 Euro nötig – eine Summe, die zwar hoch erscheint, aber im deutschen Kontext nicht unbedingt für Luxus steht.

Abschließend lässt sich jedoch sagen: Der Peso-Millionär, der auch viele Veranstaltungen im Dorf sponsorte und gerne half, wenn das Kirchendach mal ein Loch hatte, war nicht wirklich arm.

Weltempfänger

Unser Papa war jemand, der sich leicht für Technik begeistern ließ. Eines Tages kam er mit einem sogenannten „Weltempfänger" nach Hause – ein Radio, das angeblich überall auf der Welt guten Empfang haben sollte. „Ob das wirklich funktioniert?", dachten wir uns. Er hatte sich das Radio in Deutschland aufschwatzen lassen, fest in dem Glauben, dass es unser Sommerabenteuer auf den Philippinen um eine kleine Verbindung zur Heimat bereichern würde. Die Idee, im fernen Asien deutsches Radio zu hören, war für ihn ein reizvoller Gedanke.

Kaum waren wir auf den Philippinen angekommen, wurde der Weltempfänger ausgepackt und auf der Veranda platziert. Dort saß unser Papa dann fast jeden Morgen, den kleinen Apparat in den Händen, den Blick konzentriert auf die Frequenzanzeige gerichtet, während er geduldig suchte. Es schien, als würde er stundenlang über den Frequenzbereich kurbeln – auf der Jagd nach vertrauten Klängen aus Deutschland. Doch so sehr er auch drehte und suchte, wirklichen Erfolg hatte er nicht.

Einmal hatten wir japanisches Radio, was uns alle sehr verwunderte, und ein anderes Mal fing er einen koreanischen Sender auf. Die Stimmen klangen fremd, und wir hatten keine Ahnung, worüber gesprochen wurde – doch für einen Moment war unser Papa dennoch zufrieden: Er hatte zumindest etwas Exotisches gefunden. An einem anderen Tag stieß er auf einen amerikanischen Militärsender, der irgendwo auf einer Basis in der Nähe sendete. Die Militärmusik und die kurzen Nachrichten auf Englisch ließen ihn kurz aufmerksam werden – aber es war nicht das, was er suchte.

Natürlich gab es auch philippinische Radiosender, auf denen ständig laute Musik lief und fröhlich geplaudert wurde – aber das war nicht das, was er wollte.

Unser Papa blieb hartnäckig – jeden Morgen dasselbe Spiel. Er verlängerte die Antenne mit einem Kupferdraht und saß auf unserer Veranda, lauschte den knisternden und rauschenden Frequenzen, drehte den Knopf immer weiter und weiter – in der leisen Hoffnung, eines Tages auf einen deutschen Radiosender zu stoßen. Doch Woche um Woche verging, und wir hörten alles – außer deutsches Radio. Kein einziges europäisches Signal kam jemals durch.

Am Ende war der Weltempfänger mehr ein Stück Nostalgie als ein funktionierendes Gerät. Er hatte gehofft, damit ein wenig deutsche Heimat auf unsere Veranda zu bringen – aber letztlich blieb der Empfang so fern wie die Heimat selbst. Stattdessen hörten wir die Stimmen der Welt – Japan, Korea, Amerika – doch das deutsche Radio blieb ein unerfüllter Wunsch.

Backpacker

Einige Erinnerungen bleiben für immer – und diese zählt definitiv dazu. Ich war ungefähr acht Jahre alt, und obwohl es nur eine kurze Begegnung war, hat sie sich tief in mein Gedächtnis eingebrannt.

Ein junger deutscher Backpacker war zu Besuch. Am Tag zuvor hatten wir ihn in einem kleinen Restaurant mit Tauchbasis kennengelernt. Unser Papa, wie so oft offen und neugierig gegenüber Fremden, hatte ihn kurzerhand eingeladen – und tatsächlich erschien er am nächsten Tag.

Er war vielleicht Anfang zwanzig, kaum älter als 22, und erzählte, dass er allein durch die Philippinen reiste. Die Entscheidung zur Reise sei ganz spontan gefallen, sagte er. Er hatte irgendwo einen günstigen Flug gesehen und gedacht: „Warum nicht?" Ohne konkreten Plan ließ er sich einfach treiben. Irgendwann hatte ihn ein Bus nach Leyte gebracht – und als er die Landschaft sah, beschloss er zu bleiben. „Ist ja schön hier", meinte er fast beiläufig, als würde er bereits den nächsten Ort im Kopf durchgehen.

Diese Leichtigkeit, mit der er unterwegs war – diese ungebundene Freiheit – hat mich tief beeindruckt. Zwar kamen hin und wieder Rucksackreisende auf die Philippinen, doch unsere Gegend war abgeschieden und nur selten Ziel solcher Reisenden. Gerade deshalb blieb mir diese Begegnung so im Gedächtnis.

Ich erinnere mich noch genau, wie ich ihm zuhörte, während er von seinen Abenteuern erzählte. Es war faszinierend, jemanden zu erleben, der so frei durch die Welt zog – ohne Ziel, nur mit der Lust am Entdecken.

Auch wenn es nur ein kurzer Moment war, blieb er mir über all die Jahre hinweg präsent. Vielleicht war es diese

Begegnung, die in mir zum ersten Mal das Fernweh geweckt hat – den Wunsch, später selbst loszuziehen, neue Orte zu sehen, die Welt mit eigenen Augen zu entdecken.

Kapitel 5: Sommerferien 2000

Im Sommer 2000 verbrachten wir zum ersten Mal die Schulferien auf den Philippinen – und beschlossen, ein Haus in unserer zweiten Heimat zu bauen. Diesen Schritt gehen viele deutsch-philippinische Familien, und er verbindet uns mit so vielen anderen Menschen, die eine zweite Heimat fernab von Deutschland haben. Ein Haus für die Familie zu bauen war mehr als nur ein Projekt – es war eine Art Ankerpunkt, etwas, das die Verbindung zur Heimat unserer Mama festigte.

Der Wunsch, in der Heimat der Familie ein eigenes Zuhause zu schaffen, ist kein rein philippinisches Phänomen. Er begegnet uns immer wieder – bei Freundinnen und Freunden mit unterschiedlichsten Migrationsgeschichten. Ob aus dem Kosovo, der Türkei, Pakistan, Thailand oder anderen Teilen der Welt: Viele von ihnen erzählen ähnliche Geschichten. Ein Haus bauen, eine Wohnung kaufen, einen festen Ort für die Familie haben – dieses Bedürfnis eint uns.

Ich bin überzeugt: Wer Menschen im Freundeskreis hat, deren Wurzeln im Ausland liegen, wird solche Erzählungen ebenfalls kennen.

* * *

Abflugstimmung: Wir vier am Frankfurter Flughafen, 2000

Hausbau

Es war ein großes Projekt, das unser Leben auf den Philippinen für immer prägen sollte. Der Bau unseres Hauses begann mit einer einfachen, aber entscheidenden Maßnahme: Es mussten Palmen gefällt werden. Diese dienten als provisorisches Gerüst und halfen dabei, die ersten Strukturen des Hauses zu errichten. Auf einem Bild aus dieser Zeit stehen mein Bruder und ich als Kinder vor dem Rohbau – ein Foto, das bis heute die Erinnerungen an jene Tage wachhält.

Der Hausbau dauerte etwa ein Jahr. Es war nicht einfach nur ein Gebäude, sondern ein Zuhause für unsere Familie – besonders für unseren Opa, der hier lebte und einen festen Platz in diesem neuen Heim fand. Von Anfang an wurde es so gebaut, dass es ihm ein gemütliches Leben ermöglichte und zu einem Treffpunkt für die ganze Familie wurde.

Unser Papa, ein leidenschaftlicher Handwerker, hatte dabei seine helle Freude. Für ihn war dieses Bauprojekt mehr als nur Arbeit – es war ein Herzensprojekt. Er baute nicht nur ein Haus, sondern auch Erinnerungen, Stabilität und ein Gefühl von Heimat, das uns bis heute begleitet. Jeder Tag war geprägt von Schweiß, Muskelkraft und dem unermüdlichen Antrieb, etwas Bleibendes zu schaffen.

Heute steht das Haus noch immer. Es hat die Jahre überstanden, unzählige Regenzeiten, Stürme und Sonnentage erlebt. Doch eines bereitet uns Sorgen: der Strand. Er kommt jedes Jahr ein Stück näher. Der steigende Meeresspiegel und die natürlichen Veränderungen der Küstenlinie lassen uns nachdenklich zurück. Wie lange wird das Haus noch sicher sein? Wie lange wird es dem Meer standhalten?

Doch solange es steht, bleibt es ein Symbol für das, was unsere Eltern geschaffen haben – ein Zuhause für unsere Familie, ein Ort voller Erinnerungen und ein Stück zweite Heimat, das uns mit den Philippinen verbindet.

Frühe Bauphase – Andrew auf der linken Seite, ich rechts, gemeinsam vor dem noch unfertigen Haus.

Reis

Wir waren acht und sechs Jahre alt, als wir in einem heimischen Fast-Food-Restaurant auf den Philippinen saßen. Vor dem Eingang bemerkten wir einen Bettler, der keine Beine hatte. Er saß auf einem kleinen Brett mit Rollen – mitten im geschäftigen Treiben. Menschen strömten an ihm vorbei – Businessleute, Verkäufer und Familien –, und doch schien ihn kaum jemand wahrzunehmen. Für viele war er einfach ein Teil des alltäglichen Stadtbilds.

Wir hatten ihn bemerkt, und seine Präsenz ließ uns nicht los. Schon in den Tagen zuvor hatten wir gesehen, dass einige Menschen, die es sich leisten konnten, ihm hin und wieder etwas zu essen brachten. Als wir an der Kasse standen, entschied Andrew, eine Portion Reis zu bestellen – nicht für sich, sondern für diesen Mann. Wir gaben sie ihm, und der Ausdruck in seinem Gesicht war unvergesslich: ein kurzer Moment von Dankbarkeit und Freude, ein Funke Hoffnung.

Damals verstanden wir noch nicht die ganze Tragweite dessen, was wir gesehen hatten. Mit der Zeit jedoch wurde uns bewusst, wie normal es auf den Philippinen für viele war, Menschen wie ihn auf den Straßen zu sehen. Und doch ist es alles andere als normal. In einer Welt des Überflusses, in der viele zu viel essen, während andere kaum genug haben, wird die Ungleichheit besonders sichtbar.

Auf den Philippinen hat sich in den letzten Jahrzehnten vieles verbessert – das lässt sich nicht leugnen. Aber die Armut ist nicht verschwunden. Es gibt immer noch Menschen, die unter dem Existenzminimum leben, ohne wirkliche Hoffnung auf Veränderung. Sie sind die unsichtbaren Opfer eines Systems, das nicht für alle funktioniert.

Diese Begegnung hat uns geprägt. Sie erinnert uns daran, wie wichtig Mitgefühl und Menschlichkeit sind. Es mag nur ein kleiner Akt gewesen sein – eine Portion Reis –, aber in diesem Moment bedeutete sie für jemanden vielleicht alles.

Daher möchten wir an dieser Stelle auf die Arbeit der Kinderhilfe Philippinen e.V. hinweisen, die sich für benachteiligte Kinder und Familien einsetzt. Im Kapitel 24 erfährst du mehr darüber, wie diese Organisation Hoffnung und Perspektiven schenkt. Es ist ein Weg, etwas zu tun – denn niemand sollte in einer Welt voller Überfluss übersehen werden.

Freiflug

Auf der Heimreise über Manila gab es jedoch noch eine unerwartete Wendung. Unser Flug von Cebu hatte Verspätung, und wir verpassten leider unseren Anschluss in Manila. Unsere Tickets waren bereits vergeben – auf der Stand-by-Liste in Manila warten viele Menschen auf spontane Verbindungen, etwa um nach Dubai zu gelangen. Unsere Plätze gingen also an andere Passagiere, und wir mussten in Manila bleiben.

Doch die Airline zeigte sich äußerst kulant und organisierte für uns eine Übernachtung in einem Hotel. Außerdem erhielten wir als Entschädigung für das folgende Jahr jeweils einen Freiflug – ein Geschenk, das uns mehr als entschädigte.

Es sollte ganze 18 Jahre dauern, bis uns wieder solches Glück widerfahren sollte.

Wir beide im Hotel Waterfront, Cebu City – im Jahr 2000

* * *

46

Gemeinsam in Manila – Andrew, Papa und ich. Es sollten 18 Jahre vergehen, bis wir wieder in dasselbe Hotel zurückkehren würden.

Kapitel 6: Sommerferien 2001

Im Sommer 2001 konnten wir zum ersten Mal im eigenen Haus auf den Philippinen wohnen. Der Urlaub war schnell geplant, denn wir hatten noch die Freitickets von der Fluggesellschaft und konnten unseren Aufenthalt früher als sonst organisieren. Die Vorbereitungen liefen auf Hochtouren – 40 Kilo Freigepäck pro Person reichten da nicht aus, also schickten wir im Voraus mehrere Pakete, um alles Notwendige parat zu haben. Unser Papa, ein leidenschaftlicher Handwerker, packte natürlich auch sein Werkzeug ein. So verging kaum ein Tag, an dem nicht irgendwo gehämmert, gesägt oder gebaut wurde – er fand immer etwas zu tun und zu verbessern.

Das Haus war damals noch einfach eingerichtet – es gab keinen Fernseher und keine anderen modernen Ablenkungen. So verbrachten wir die langen, warmen Abende oft mit Brettspielen und Puzzles. Stundenlang saßen wir zusammen, und die Zeit schien langsamer zu vergehen – ganz ohne Nachrichten oder Ablenkung.

Vor der Reise hatten wir uns einige CDs gekauft, die diesen Sommer begleiteten und für die richtige Stimmung sorgten. Die *Best of 2001* blieb uns besonders in Erinnerung. Songs wie „Whole Again" von Atomic Kitten oder „Miss California" von Dante Thomas liefen – wie alle anderen Lieder auf der CD – in Dauerschleife. Wenn wir heute diese Songs hören, denken wir immer wieder an die entspannten

Momente zurück, in denen wir spielten oder puzzelten und die Welt einfach draußen ließen.

Dieser Sommer fiel, wie so oft, auch mit der Fiesta zusammen. Es war Tradition, dass unser Opa mit seiner Band vorbeikam, um die Festtage bei uns einzuläuten. Ein fester Teil der Band war der „Trompeten-Opa" – ein Verwandter, der etwa im Alter unseres Opas war und, wie der Name sagt, Trompete spielte. Die Band kam jedes Jahr zur Fiesta-Woche vorbei und spielte auf unserer Veranda. Die Stimmung war ausgelassen, die ganze Familie kam zusammen, und die Musik erfüllte das Haus und den Garten. Unsere Mama filmte fleißig für die heimische Videobibliothek, sodass wir diese Sommer immer wieder in Erinnerung rufen konnten. Es waren Momente wie diese, die uns die Sommer in der zweiten Heimat besonders schön machten.

Auf der Heimreise ging diesmal alles nach Plan – ohne Verzögerung und ohne Freiflug. Die Fiesta in San Roque wurde nun unser fester Anlaufpunkt, und es ergab sich, dass wir die Familie größtenteils dort wiedersahen. Alle an einem Ort zu besuchen, wurde mit der Zeit immer schwieriger – und so wurde das Fest zum Treffpunkt und willkommenen Anlass, Zeit mit der (fast) ganzen Familie zu verbringen und uns in der zweiten Heimat wieder wie zu Hause zu fühlen.

Im Hintergrund ist das fertiggestellte Haus zu sehen.

Vorn links erkennt man die Terrasse, hinten links befindet sich eine separate Außenküche mit offenem Feuer – ideal, um zum Beispiel Tintenfisch geruchsneutral und ohne Probleme außerhalb des Wohnbereichs zuzubereiten.

Einrichten

Ein Haus ist erst dann wirklich ein Zuhause, wenn es eingerichtet ist. Nachdem wir das Haus gebaut hatten, ging es an den nächsten großen Schritt: das Einrichten. Vieles wurde direkt vor Ort besorgt, doch einige Dinge, die unser Zuhause noch kompletter machen sollten, schickten wir von Deutschland aus. Besonders wichtig waren die Küchenschränke, die wir mit einem Container auf die Philippinen verschiffen ließen – ein ungewöhnlicher, aber für uns naheliegender Weg, denn es war gar nicht so einfach, vor Ort an vergleichbare Schränke zu kommen.

Als der Container endlich ankam, war das ein kleines Ereignis für sich. Die Schränke wurden ausgeladen und direkt montiert. Es war ein ungewohntes Gefühl, deutsche Möbel in einem Haus auf den Philippinen zu sehen – als würde sich ein Stück unserer ersten Heimat mit unserer zweiten vermischen. Die Küche war endlich komplett, und mit ihr kam auch ein kleines Stück Alltag zurück.

Doch ein Haus ist nicht nur vier Wände und ein Dach – es muss auch eingeweiht werden. Und das geschieht auf den Philippinen mit einer traditionellen Segnungszeremonie. Dazu kam der Priester aus dem Ort, um unser Haus zu segnen und für Schutz und Glück zu beten.

Im Zentrum der Feier stand der Heilige Santo Niño, eine der wichtigsten religiösen Figuren auf den Philippinen. Sein kleines Abbild wurde auf einem geschmückten Altar platziert, und während der Zeremonie wurden Gebete gesprochen, Weihwasser versprüht und Kerzen angezündet. Es herrschte eine festliche Atmosphäre – und nach der Segnung gab es, wie es die Tradition verlangt, ein gemeinsames Essen mit Familie, Freunden und Nachbarn.

Mit dieser Feier wurde unser Haus nicht nur ein Gebäude – es wurde ein Zuhause. Ein Ort, an dem Tradition und Moderne, Deutschland und die Philippinen, Familie und Gemeinschaft zusammenkamen.

Uropa

Unser Opa wurde Uropa, und mit der Geburt des Sohnes unserer Cousine bekamen wir einen neuen Spielgefährten, der uns in den kommenden Jahren begleiten sollte. Es war eine neue Dynamik in der Familie – plötzlich waren wir nicht mehr die Jüngsten, sondern diejenigen, die auf einmal in die Rolle der älteren Verwandten und Vorbilder schlüpften.

Unser kleiner Großcousin wuchs mit uns auf. Er übernahm unsere alten Klamotten, die wir ein paar Jahre zuvor noch selbst getragen hatten.

Doch nicht nur wir kümmerten uns um ihn – es war, wie in vielen philippinischen Familien üblich, eine gemeinschaftliche Aufgabe. Jeder übernahm einen Teil der Erziehung: unsere Tanten, Onkel, Cousins und Cousinen – alle hatten ein Auge auf ihn und sorgten dafür, dass er behütet aufwachsen konnte.

Zwei Jahre später kam dann seine kleine Schwester dazu. Mit ihr änderte sich die Dynamik erneut. Plötzlich war er der große Bruder, und wir sahen ihm dabei zu, wie er selbst Verantwortung übernahm – genauso, wie wir es vorher bei ihm getan hatten.

Die Jahre vergingen, und irgendwann wurden aus den kleinen Kindern, die einst in unsere Fußstapfen traten, eigenständige Menschen mit ihren eigenen Träumen und Wegen. Doch diese Zeit, in der wir alle gemeinsam aufwuchsen, bleibt eine der schönsten Erinnerungen, die wir mit unserer zweiten Heimat verbinden.

Andrew zusammen mit den beiden – 2008

Puzzle

Im ersten Jahr, als wir in unser Haus auf den Philippinen einzogen, war alles noch ganz anders. Wir hatten keinen Fernseher, kein Internet, keine Smartphones, die uns ablenkten. Und so verbrachten wir unsere Zeit mit den Dingen, die uns wirklich zusammenbrachten: Wir puzzelten, spielten Brettspiele und Karten. Es war eine Zeit, in der wir einfach nur im Moment lebten.

Es blieb uns auch nichts anderes übrig, als Musik zu hören oder zu lesen – und das war gut so. Genug Bücher hatten wir dabei, und anstatt von einer Nachricht zur nächsten zu springen oder stundenlang durch Feeds zu scrollen (was im Jahr 2001 ohnehin noch nicht möglich war), tauchten wir in Geschichten ein oder verbrachten ganze Nachmittage damit, ein Puzzle Stück für Stück zu vervollständigen. Kein ständiges Aufleuchten eines Displays, keine überflutenden Nachrichten, die uns beschäftigten – nur das Rauschen des Meeres, das Zirpen der Grillen und die Stimmen der Familie um uns herum.

Wir wussten oft nicht einmal, welcher Wochentag gerade war – und das spielte auch keine Rolle. Wir lebten mit der Sonne, wachten mit ihr auf und gingen mit ihr schlafen. Wir sammelten Muscheln am Strand, kauften frische Mangos auf dem Markt und ließen uns treiben, ohne an morgen zu denken. Die Tage hatten keine Eile – und wir auch nicht.

Manchmal vermisse ich diese erste Zeit ohne Ablenkung: die endlosen Stunden, in denen wir einfach nur zusammensaßen und spielten; die Ruhe, die sich über die Tage legte; die Einfachheit, die uns dazu brachte, den Moment wirklich zu genießen. Es war eine andere Welt –

eine andere Zeit. Und vielleicht war sie gerade deswegen so besonders.

Kapitel 7: Sommerferien 2002

Im Jahr 2002 änderte sich unsere Reiseroute: Zum ersten Mal flogen wir über Hongkong direkt nach Cebu und ließen Manila aus. Damit sparten wir uns einen zusätzlichen Inlandsflug und gelangten schneller auf unsere Insel Leyte.

Im Hintergrund lief die *Best of 2002*-CD mit Enrique Iglesias, und die kleinen Familienmitglieder tanzten ausgelassen dazu. Wenn wir heute die alten VHS-Aufnahmen ansehen, spüren wir sofort wieder die unbeschwerte Freude dieser Zeit.

Wir begannen sogar damit, eine Tischtennisplatte aus Palmenholz zu bauen. Die Maße hatten wir uns vorab in unserem heimischen Sportverein besorgt – und so ging es ans Werk. Die Platte wurde zugesägt, zusammengebaut und schließlich grün angestrichen. Es war ein echtes Gemeinschaftsprojekt, das nicht nur unseren sportlichen Ehrgeiz, sondern auch unsere handwerklichen Fähigkeiten auf die Probe stellte.

Zum ersten Mal hielten wir auch selbst eine Kamera in der Hand und filmten unsere eigenen Erlebnisse. Die Ergebnisse waren zwar alles andere als professionell, aber das war egal – es machte Spaß, und wir hielten viele kleine Momente fest, die uns bis heute begleiten.

Der Sommer 2002 war ein Jahr der Neuerungen, der kleinen und großen Projekte und des unbeschwerten Familienlebens. Es war ein Sommer, in dem sich die Dinge langsam veränderten, ohne dass wir es in diesem Moment wirklich bemerkten. Doch wenn wir heute zurückblicken, wissen wir: Es war eine Zeit, die wir nie vergessen werden.

Andrew an der Tischtennisplatte, konzentriert und bereit für den Rückschlag. Das Netz – improvisiert mit Schraubzwingen befestigt.

TV

Ein Novum in diesem Sommer: Zum ersten Mal hatten wir einen Fernseher im Haus. Bis dahin hatten wir unsere Zeit mit Puzzeln, Brettspielen oder einfach mit langen Gesprächen auf der Veranda verbracht.

Eine vage TV-Erinnerung aus unserer Kindheit ist uns bis heute im Kopf geblieben. Es war eine philippinische Serie, die immer so gegen 19 Uhr lief – irgendetwas über eine Höhlenbewohnerin mit Herzschmerz, oder so ähnlich. Natürlich verstanden wir damals kaum, worum es ging, doch irgendwie schauten wir trotzdem immer wieder zu.

Mit der Zeit änderte sich auch das philippinische Fernsehen. Während wir früher nur ein paar lokale Sender empfangen konnten, gab es irgendwann eine ganze Reihe von Kanälen über Kabel, und die Sendungen wurden immer vielseitiger. Sogar die "Deutsche Welle" tauchte plötzlich auf. Auch wenn der Sender weltweit ausstrahlte und sich die Programme oft wiederholten, war es schön, in den Philippinen etwas Deutsches zu sehen – und manchmal das Gefühl zu haben, dass Deutschland gar nicht so weit entfernt war.

Die neuen Kanäle brachten weitere Veränderungen mit sich. Eine Talentshow für Kinder, die wir aus Deutschland kannten, wurde nun auch auf den Philippinen gesendet. Es war schon ein besonderes Gefühl, als wir bei Verwandten zu Besuch waren und dort dieselbe Show auf dem Bildschirm sahen, die auch in Deutschland lief. Für uns war das Fernsehen damals ein kleiner Blick in die Welt – aber auch ein Stück deutsches Leben, das immer stärker in unseren philippinischen Alltag drängte.

Doch bei all den neuen Möglichkeiten, die der Fernseher

bot, fragten wir uns manchmal, ob das wirklich eine Verbesserung war. Früher, wenn der Strom ausfiel und wir nur im Kerzenlicht saßen, war die Zeit oft genauso schön. Dann saßen wir zusammen, puzzleten, lasen oder erzählten uns Geschichten – einfache Momente, die den Tagen einen ruhigen Rhythmus gaben. Die Welt war kleiner – und manchmal auch ein bisschen friedlicher.

Fußball

Im Sommer 2002 war die Fußballweltmeisterschaft in Japan und Südkorea gerade zu Ende gegangen, und wir hatten mit Deutschland mitgefiebert – bis sie im Finale an Brasilien scheiterten. Trotz der bitteren Niederlage, bei der „Titan" Oliver Kahn einen Fehler machte, feierten wir die Leistung der Nationalmannschaft.

Angesichts der Begeisterung fragten wir uns, ob es auch eine philippinische Nationalmannschaft gäbe – und tatsächlich: Es gab eine. Allerdings war sie damals noch nicht wirklich erfolgreich.

Inzwischen sieht das anders aus: Die philippinischen Männer spielen heute auf solidem Niveau, auch wenn die WM-Qualifikation nach wie vor in weiter Ferne liegt. Die Frauen hingegen haben sich bereits einen Namen gemacht und schafften es sogar, bei der WM 2023 einen Sieg gegen Neuseeland zu erringen.

Was beide Teams gemeinsam haben, ist die Vielfalt ihrer Spieler*innen: Viele von ihnen haben Wurzeln in Deutschland, den USA, Australien oder Kanada. Der philippinische Fußballverband nutzt diese Vielfalt gezielt und sucht weltweit nach Talenten, die für ihre zweite Heimat spielen möchten.

Lustige Taschenbücher

Die Lustigen Taschenbücher, kurz LTB, waren ein festes Ritual für uns als Kinder – eine unverzichtbare Lektüre für unsere Sommer auf den Philippinen. Wir hatten über die Jahre eine recht große Sammlung angelegt und erinnern uns noch daran, dass die LTBs damals nur 3 Mark und 95 Pfennig kosteten – heute sind sie deutlich teurer. Trotzdem blieben sie etwas Besonderes, und jedes Jahr vor dem Abflug suchten wir uns eine Auswahl für die Reise aus. Jeder von uns durfte fünf bis sechs Bücher wählen, sodass wir insgesamt etwa zwölf mitnahmen. Zwölf Bücher voller Abenteuer, die uns durch die fünf bis sechs Wochen begleiten sollten.

Es war eine eingespielte Routine: Sobald einer von uns ein Buch durchgelesen hatte, wanderte es direkt zum anderen. Die Geschichten wurden geteilt, die Abenteuer immer wieder besprochen und ausgetauscht. Für uns war es eine Zeit, in der wir die Helden aus Entenhausen auf jede Reise mitnahmen. Donald Duck blieb uns dabei besonders in Erinnerung – ein treuer Begleiter in unseren Sommerferien.

Rückblickend bereuen wir, dass wir die LTBs irgendwann aufgegeben haben. Die Sammlung ist längst nicht mehr vollständig, und manchmal, wenn wir heute in einem Laden ein LTB sehen, überkommt uns die Nostalgie. Es wäre verlockend, wieder damit anzufangen und die Sammlung fortzusetzen. Vielleicht ist es irgendwann wieder so weit – und die Abenteuer von Donald und Co. finden ihren Weg zurück in unser Leben.

Hochzeiten

Hochzeiten werden auf den Philippinen gefeiert – je nach Budget des Brautpaares und ihrer Familien mal opulenter, mal einfacher. Von pompösen Festen am Strand, bei denen die Familie aus aller Welt anreist, bis hin zu kostengünstigen Sammelhochzeiten in der Kirche ist jede Variante zu finden.

Für viele Paare ist die kirchliche Zeremonie ein Muss – selbst wenn dafür mehrere Paare gemeinsam in der Kirche getraut werden, um Kosten zu sparen. Die Feier selbst kann dann oft schlicht bleiben, doch die Bedeutung der kirchlichen Segnung ist für die meisten zentral.

Bei den größeren Hochzeiten wird hingegen keine Mühe gescheut: Film-Intros inszenieren das Paar als Protagonisten eines kleinen Dramas, professionelle Strandaufnahmen entstehen am Lagerfeuer, und die Feier wird zum kulturellen Highlight für die ganze Familie. Solche Hochzeiten sind ein großes Familientreffen – oft reisen Verwandte von weit her an, manchmal sogar von verschiedenen Kontinenten.

Nach der Hochzeit bleibt jedoch häufig wenig Zeit, um die Flitterwochen zu genießen. Für viele bedeutet der nächste Schritt den Gang ins Ausland, wo sie häufig in der Kreuzfahrtindustrie oder im Gastgewerbe arbeiten, um die neue Familie finanziell zu unterstützen. Acht Monate auf See sind keine Seltenheit – und doch bleibt das Fest auf den Philippinen unvergesslich: ein schöner und stolzer Moment, den Braut und Bräutigam mit ihrer Familie und ihrem Dorf geteilt haben.

Kapitel 8: Sommerferien 2003

Im Sommer 2003 spürten wir zum ersten Mal, was Verlust bedeutet. Über Weihnachten war unsere Oma in Deutschland gestorben, und es war unser erster bewusster Kontakt mit der Endlichkeit des Lebens. Sie war immer ein fester Bestandteil unseres Alltags gewesen, lebte nur ein Stockwerk unter uns – zusammen mit ihrem Lebensgefährten, der für uns wie ein Ersatz-Opa war. Unser leiblicher Opa war bereits verstorben, bevor wir geboren wurden.

Doch das Jahr 2003 brachte nicht nur persönliche Abschiede mit sich – es war auch das Jahr der SARS-Pandemie, die sich damals in Asien ausbreitete und für Unruhe sorgte. Schon vor unserer Abreise fragten Freunde und Bekannte, ob wir wirklich auf die Philippinen fliegen wollten. Gedanken darüber hatten wir uns gemacht, doch nach Einschätzung des Auswärtigen Amtes schien die Lage sicher. Rückblickend stellte sich heraus, dass die Pandemie zum Glück nicht die Ausmaße von Covid-19 erreichte, die die Welt 17 Jahre später so drastisch verändern sollte. Aber zum ersten Mal wurden uns die globalen Risiken von Pandemien bewusst – und dass es gar nicht so unwahrscheinlich ist, dass eine Seuche das Reisen eines Tages unmöglich machen könnte.

In Hongkong, wo wir unseren Zwischenstopp machten, bekamen wir die Pandemie deutlich zu spüren:

Überall wurden Temperaturmessungen durchgeführt, und Hinweise zur Hygiene hingen an jedem Eingang und auf jedem Bildschirm. Es war seltsam, so durch eine Stadt zu gehen, in der man spürte, dass eine unsichtbare Gefahr in der Luft lag.

Auf den Philippinen angekommen, war es dennoch ein vertrauter Sommer – das erste Jahr ohne Oma, aber dennoch eines, das viele Veränderungen mit sich brachte. Mittlerweile hatten wir TV-Empfang und konnten über die Deutsche Welle Nachrichten und Lottozahlen verfolgen. Noch besser für uns beide war, dass wir so auch immer wussten, wie es um unseren Lieblingsverein, den 1. FC Nürnberg, stand – die Heimat rückte ein Stück näher, auch auf der anderen Seite der Welt.

Unsere Cousinen und Cousins wurden älter, einige gingen inzwischen aufs College und waren nicht mehr die ganze Zeit da. Die Fiesta blieb das Highlight des Sommers und wurde allmählich zu einem der wenigen Momente, in denen wir fast die komplette Familie sahen. Nach und nach begann das Leben, uns in verschiedene Richtungen zu ziehen – und der Sommer auf den Philippinen bekam eine neue Bedeutung. Es wurde eine Zeit des Wiedersehens, die immer wertvoller wurde, da die Gelegenheiten seltener wurden.

Jollibee

Jedes Mal, wenn wir mit dem Jeepney von unserem Dorf San Roque in die Stadt Maasin fuhren, war es für uns als Kinder ein kleines Abenteuer. Eine Fahrt kostete damals ungefähr 25 Peso. In Maasin, der nächstgelegenen Stadt, entstanden immer mehr Geschäfte, die größer und moderner wurden. Und dann, Mitte der 2000er, kam etwas, das für uns Brüder das Größte war: Ein Jollibee eröffnete. Für uns war das wie ein kleines Paradies. Jollibee war das philippinische Pendant zu McDonald's – aber es war mehr als das: Es war ein Stück der Philippinen, das für uns untrennbar mit unseren Sommern dort verbunden war.

Besonders die Soße für das Chicken war etwas, das wir nur dort bekamen. Und die Spaghetti – eine eigenartige philippinische Version mit süßer Tomatensoße und Hotdog-Stückchen – hatten es uns angetan. Andrew und ich unterschieden uns beim Thema Ernährung: Während ich nie Fisch oder Meeresfrüchte aß, konnte Andrew davon nicht genug bekommen. Aber wenn es um Jollibee ging, waren wir uns einig – darauf freuten wir uns immer.

Jollibee war für uns ein fester Bestandteil unseres Philippinen-Erlebnisses. Es war eigentlich nur ein Fast-Food-Restaurant, aber es fühlte sich nach mehr an. Es war ein Teil des Landes, ein Ort, der uns irgendwie mit der Kultur verband – obwohl er weit entfernt von traditionellen philippinischen Gerichten war.

Jahre später, als wir mit unserer Mama in Rom waren, erlebten wir etwas Unerwartetes. Zwischen all den italienischen Sehenswürdigkeiten und der köstlichen Pizza entdeckten wir plötzlich – Jollibee. Für uns war das wie eine Zeitreise zurück zu unseren Sommern auf den

Philippinen. Natürlich mussten wir sofort hineingehen. Ein bisschen Philippinen mitten in Rom. Andrew und ich bestellten Pommes, während unsere Mama sich das philippinische Chicken gönnte. Doch so sehr wir versuchten, dieses Gefühl von damals zu wiederholen – es war nicht ganz dasselbe. Das Chicken schmeckte anders, nicht so wie auf den Philippinen.

Aber diese Erfahrung in Rom zeigte uns noch etwas anderes: Egal wo auf der Welt – überall gibt es Filipinos, die ihre Kultur und auch ihre Lieblings-Fast-Food-Kette mitbringen. Jollibee war mehr als nur ein Restaurant – es war ein Symbol dafür, dass die philippinische Diaspora ihre Wurzeln immer mit sich trägt, egal wo sie sich niederlässt. Für uns war es ein kleiner, aber besonderer Moment, als wir feststellten, dass sich selbst in Rom, zwischen Spaghetti und Pizzen, ein Stück Philippinen versteckte.

VCDs

In Asien waren VCDs allgegenwärtig – eine einfachere, technisch schwächere Variante der DVDs. Fast an jeder Straßenecke konnte man sie kaufen: von Straßenständen über kleine Elektronikläden bis hin zu Supermärkten.

Als wir zum ersten Mal unsere eigenen DVDs von zu Hause mitbrachten, war die Enttäuschung groß: Sie funktionierten nicht. Der Ländercode war falsch, und oft stimmte auch das Format nicht mit den Geräten vor Ort überein. Unsere mitgebrachten Filme blieben also erst einmal im Koffer.

Zum Glück hatten unsere Cousins vorgesorgt. Sie besaßen ganze Stapel von VCDs – teils ganz offiziell, teils merkwürdige „Kopien", bei denen die Cover selbst ausgedruckt waren und die Filme meist auf Englisch liefen. Oft war die Bildqualität eher mäßig, und manchmal war mitten im Film plötzlich Schluss, weil man erst die zweite Disc einlegen musste. Aber das tat dem Spaß keinen Abbruch.

Unsere Filmabende wurden schnell zu einem festen Bestandteil des Familienlebens. Wir saßen gemeinsam auf dem Boden vor dem Fernseher, während die Erwachsenen es sich auf der Couch gemütlich machten. Es wurde gelacht, kommentiert, manchmal auch übersetzt, wenn jemand etwas nicht verstand. Es war laut, chaotisch – und wunderschön.

Kicker Sonderheft

Unsere Sommerreisen auf die Philippinen fielen oft genau in die Zeit des Bundesliga-Starts. Das bedeutete, dass das *Kicker*-Sonderheft pünktlich in den Läden lag – ein Muss für uns. Es war ein kleines Ritual, das irgendwie fest zu unserer Reise gehörte. Das Sonderheft war für uns eine Art Vorschau auf die kommende Saison, und als langjährige Nürnberg-Fans hofften wir stets auf eine stabile Spielzeit – vor allem auf den Klassenerhalt. Als Fans des 1. FC Nürnberg musste man ja bescheiden sein; Träume von Meistertiteln waren da eher fehl am Platz. Aber das *Kicker*-Sonderheft blieb dennoch eine Tradition, die uns immer die nötige Portion Optimismus für die neue Saison gab.

Und mit dem Fußball im Gepäck fand man auch auf den Philippinen immer jemanden, mit dem man sich über die anstehende Bundesliga-Saison austauschen konnte. Der Betreiber der Tauchbasis war leidenschaftlicher Karlsruhe-Fan, die Nachbarn hatten ihre Wurzeln in Bochum – und damit eine gewisse Affinität zum VfL. Die Gespräche über den deutschen Fußball brachten ein Stück Heimat auf die Insel und halfen uns, die Sommerabende mit etwas Vertrautem zu füllen.

Das *Kicker*-Sonderheft war unser Anker, eine kleine Erinnerung daran, dass wir bald abfliegen würden. Auch heute, wenn wir das Sonderheft zum Bundesliga-Start sehen, wissen wir beide: Es ist fast, als würde die alte Routine wieder lebendig werden. Das Heft ist immer noch ein festes Ritual – eine Erinnerung an all die Sommer, die Bundesliga-Saisonprognosen und den bevorstehenden Abflug.

Kapitel 9: Sommerferien 2004

Im Sommer 2004 waren wir bereits voll in unserer jährlichen Reiseroutine angekommen: über Frankfurt nach Hongkong, von dort weiter nach Cebu und schließlich auf unsere Insel auf den Philippinen. Kaum angekommen, legten wir zu Hause die *Best of 2003*-CD ein, die uns mit Hits wie „Guten Tag (Die Reklamation)" von Wir Sind Helden begrüßte – ein Song, den wir mittlerweile auch aus dem Spiel *FIFA* kannten. Es war eine vertraute, entspannte Zeit. Wir besuchten Verwandte, erkundeten Nachbarinseln und genossen die Sommertage in vollen Zügen.

Wie immer war unser Papa fleißig am Werkeln und fand stets etwas, das am Haus verbessert werden konnte, während unsere Mama mit uns die Verwandtschaft besuchte und Freunde wiedertraf. Die Fiesta war wie jedes Jahr ein Höhepunkt und entwickelte sich zunehmend zu einem großen Familientreffen. Unsere älteren Cousinen hatten mittlerweile selbst Kinder, die voller Begeisterung jeden Tag mit uns spielten.

Parallel dazu liefen die Olympischen Spiele in Athen. Die Philippinen gingen im Medaillenspiegel zwar leer aus, doch in den folgenden Jahren sollte sich das ändern. Der Sommer 2004 war für uns also ein sportlicher Sommer voller Wettkämpfe und Spaß – zwischen Tischtennispartien, Inselbesuchen und der Fiesta verbrachten wir unbeschwerte Tage in unserer zweiten Heimat.

Wanderung

An einem besonders schönen Tag beschlossen wir, eine Wanderung zu unternehmen – zu einem Ort, der tief in der Geschichte unserer Familie verankert ist: das alte Haus unserer Oma. Der Weg dorthin war alles andere als leicht. Vom Strand aus führte er zwei Stunden bergauf durch dichten Dschungel. Unsere Großtante, die sich in dieser Umgebung bestens auskannte, führte uns über Trampelpfade und durch Gestrüpp – Wege, die uns an eine andere Zeit erinnerten.

Unterwegs passierten wir winzige Felder, kleine Bambushäuser und Orte, die uns völlig unbekannt waren. Hier, abseits der Hauptstraße, ist die Welt eine andere. Autos sind nutzlos – nur Motorradtaxis schaffen es, die Menschen über die steilen und holprigen Wege zu transportieren. Für uns war es eine Reise in eine andere Zeit, die jedoch nicht vollständig stehengeblieben ist. Handys und Cola gab es auch hier, aber dennoch fühlte es sich an, als wären wir am Ende der Welt angekommen.

Als wir schließlich das kleine Bambushaus erreichten, legten wir eine Pause ein. Es war ein einfaches Zuhause – alt, aber liebevoll gepflegt und immer wieder repariert. Unsere Großtante, die uns dorthin geführt hatte, war damals schon Ende 60, aber für sie war dieser Weg Alltag. Sie musste die Schweine füttern, die dort gehalten wurden. Anders als ihre Geschwister, die das Dorf verlassen hatten, war sie hiergeblieben – inmitten der Natur und dem Leben, das sie kannte. Diese Wanderungen waren für sie nicht nur Pflicht, sondern auch Freude. Sie liebte es, sich um das alte Haus und die Tiere zu kümmern.

Nach der Fütterung der Schweine setzten wir uns hin,

tranken frisches Kokoswasser, aßen Mangos und ließen den Moment auf uns wirken. Das alte Haus erzählte von einer anderen Zeit, von einem anderen Leben, das wir nur aus Erzählungen kannten. Der Rückweg war anstrengend, aber die Erinnerung an das, was wir gesehen und erlebt hatten, trugen wir wie einen Schatz mit uns.

Es war ein Ort, an dem die Zeit langsamer zu vergehen schien – ein Ort voller Geschichten. Selten haben wir uns so weit weg von der modernen Welt gefühlt, und doch waren wir unserer Familie und ihren Wurzeln nie näher. Es war eine Wanderung, die uns für immer in Erinnerung bleiben wird – ein Moment, in dem Vergangenheit und Gegenwart miteinander verschmolzen.

Schönheitswettbewerbe

Jedes Jahr zur Fiesta fanden in unserem Dorf Schönheitswettbewerbe statt. Diese Wettbewerbe waren jedoch weniger ernsthafte Wettkämpfe als vielmehr unterhaltsame Shows, bei denen der Spaß im Vordergrund stand. Eine besonders beliebte Kategorie war der Wettbewerb, in dem Männer in Frauenkleidern antraten. Sie warfen sich in Posen, tanzten und unterhielten die Menge mit einer solchen Freude, dass das ganze Dorf lachte.

Das Thema Homosexualität wurde auf den Philippinen – vor allem in solchen Kontexten – erstaunlich offen und entspannt gehandhabt. Diejenigen, die sich geoutet hatten, gingen selbstverständlich damit um, und es schien kaum jemanden zu stören – ein bemerkenswerter Kontrast zu den oft zurückhaltenderen Einstellungen, die wir aus Deutschland kannten.

Neben diesen humorvollen Wettbewerben gab es auch die klassischen Schönheitswahlen – von Miss Southern Leyte bis hin zu Miss Philippines. Auf nationaler Ebene war der Wettbewerb intensiv, denn die Kandidatinnen kämpften um Titel wie Miss Universe oder Miss World. Diese Wettbewerbe wurden landesweit mit Begeisterung verfolgt. Besonders stolz waren die Philippinen, als 2015 Pia Wurtzbach, eine Deutsch-Filippina, zur Miss Universe gekürt wurde. Der Titel genießt auf den Philippinen hohes Ansehen, und Pia wurde zur nationalen Heldin.

Schönheitswettbewerbe sind auf den Philippinen ein festes Ritual. Jedes Dorf hat sein eigenes kleines Event, und nicht selten werden teure Kleider ausgeliehen und ausgefeilte Choreografien einstudiert. Doch trotz aller

Vorbereitung steht der Spaß im Vordergrund. Für die Dorfbewohner ist es eine Gelegenheit, zusammenzukommen, zu lachen und zu feiern – und die gute Laune ist immer ansteckend.

Armut

Unsere Heimreisen von den Philippinen zurück nach Deutschland begannen meist mit der Fähre. Es war eine sechsstündige Fahrt von Maasin, einer kleinen Stadt auf der Insel Leyte, nach Cebu.

Oft kamen wir frühmorgens in Cebu an, und es dauerte gefühlt eine Ewigkeit, bis die Fähre endlich anlegte. Während wir auf das Anlegen warteten, bemerkten wir plötzlich etwas, das uns für Jahre in Erinnerung bleiben sollte: Am Rand der Fähre tauchten kleine Fischerboote auf – doch sie waren nicht mit Fischern besetzt. Stattdessen sahen wir Mütter mit Kleinkindern in den Booten sitzen. Sie waren nicht dort, um zu fischen, sondern um zu betteln.

Beim ersten Mal, als wir das sahen, waren wir vielleicht zehn oder elf Jahre alt. Wir schauten zu, wie nach und nach Passagiere der Fähre Münzen ins Wasser warfen, und die Kinder in den Booten sprangen sofort hinterher, um das Geld zu fangen, bevor es im Wasser versank. Manchmal trafen die Münzen das Boot, aber oft nicht – und dann sprangen die Kinder kopfüber ins Meer, um das Kleingeld zu retten. Wir standen da, verwirrt und irgendwie erschüttert, unsicher, wie wir das Ganze einordnen sollten. Auf der einen Seite war es beeindruckend, wie schnell die Kinder reagierten und das Geld einsammelten, auf der anderen Seite war es traurig, diese Not zu sehen.

Für das nächste Jahr nahmen wir uns etwas vor: Wir beschlossen, kleine Tütchen mit Geldscheinen zu packen, damit die Kinder nicht unnötig ins Wasser springen mussten. Wir dachten, das wäre sicherer für sie – und dass sie mit Geldscheinen mehr anfangen könnten als mit Kleingeld. Es war unser kleiner Plan, um ihnen ein wenig zu helfen – oder zumindest das Betteln etwas weniger gefährlich zu machen.

Doch als wir ein Jahr später wieder die Fähre nach Cebu nahmen, waren die Bettlerboote verschwunden. Wie wir später erfuhren, hatte die Stadt das Betteln aus Sicherheitsgründen verboten. Die Kinder und ihre Mütter durften nicht mehr an die Fähren herankommen.

Auf eine seltsame Weise waren wir enttäuscht – nicht, weil wir die Not vermissten, sondern weil wir den Kindern mit unseren vorbereiteten Tütchen helfen wollten und nun niemanden mehr vorfanden, der sie hätte brauchen können.

Es war eine Lektion für uns. Die Armut, die wir auf den Philippinen sahen, war allgegenwärtig. Und manchmal versuchten wir, sie mit kleinen Gesten zu lindern – auch wenn wir nur Kinder waren. Doch die Realität war oft härter, als es unsere kindlichen Ideen zur Lösung dieser Probleme vermuten ließen.

Kapitel 10: Sommerferien 2005

Der Sommer 2005 war überschattet von einem Ereignis des Vorjahres: dem Tsunami im Dezember 2004 im Indischen Ozean – eine der verheerendsten Naturkatastrophen, die wir bis dahin miterlebt hatten. Die Gewalt des Meeres, das ganze Küstenstreifen und Dörfer zerstörte, warf lange Schatten – selbst in Deutschland, wo die Tragödie auch viele Menschen betraf, die über die Feiertage in Thailand im Urlaub waren und nicht mehr zurückkehrten. Zuhause verfolgten wir die Nachrichten – fassungslos und sprachlos. Dieses Ereignis prägte uns nachhaltig und veränderte die Art, wie wir das Meer und seine Kraft wahrnahmen.

Zwar hatte dieser Tsunami die Philippinen nicht getroffen, doch unsere Mama erinnerte uns an einen ähnlichen Vorfall in der Vergangenheit. 1960, so erzählte sie, hatte es ein gewaltiges Erdbeben in Chile gegeben, das eine riesige Welle bis zu den Philippinen geschickt hatte – und dort große Schäden verursachte. Die Vorstellung, dass ein Erdbeben am anderen Ende der Welt unser Dorf erreichen könnte, war beeindruckend und erschreckend zugleich.

Als wir im Sommer 2005 wieder in unserem Heimatdorf auf den Philippinen ankamen, war unser erster Gedanke, wie weit der Weg zum nächstgelegenen Berg in Sicherheit wohl wäre. Bei jedem kleinen Erdbeben – die dort nicht ungewöhnlich waren – blickten wir sofort zum Meer und achteten auf Zeichen: Zog sich das Wasser zurück? Das könnte ein Hinweis auf eine kommende Welle sein. Und wir schauten auf die Tiere in unserer Umgebung. Tiere, die plötzlich zurückwichen – Hunde, die bellten, oder Affen, die sich in die Berge aufmachten – waren für uns zu einem Warnzeichen geworden, ein Schutzmechanismus, der sich in uns verankert hatte. Einmal hatten wir einen Bericht gesehen, in dem Menschen durch die Beobachtung der Tiere ihr Leben retten konnten. Diese Erinnerung blieb.

Doch noch etwas fiel uns auf, als wir das Dorf betrachteten: Die Wellen schienen höher geworden zu sein, und bei stärkeren Stürmen drängte das Wasser gefährlich nah ans Dorf. Der Klimawandel war für uns nicht mehr nur eine Nachricht im Fernsehen, sondern eine sichtbare Realität. Wer Zweifel daran hatte, dass die Welt sich veränderte, musste nur auf die höheren Flutlinien blicken.

Trotz allem war der Sommer 2005 wieder ein schöner Sommer, voller vertrauter Momente: die Fiesta, das Wiedersehen mit der Familie, Musik und das entspannte Chillen am Strand. Es war eine Zeit der Gemeinschaft und des Friedens – und trotz aller Sorgen blickten wir voller Vorfreude auf das nächste Jahr.

Die Sonne ist weg, doch der Himmel zeigt noch ein

leuchtendes Orange. Davor: wir drei – eingefangen in einem Moment, der bleibt.

Sauerkraut

Nicht weit von uns, nur ein paar Häuser weiter, lebte eine andere deutsche Familie, die wir gut kannten. Sie waren – wie wir – zwischen zwei Kulturen aufgewachsen und hatten sich ebenfalls in der Nähe ein Haus für die Familie auf den Philippinen gebaut. Bei einem ihrer Aufenthalte hatten sie, wie es auf den Philippinen üblich war, mehrere Kartons mit Vorräten vorgeschickt. Denn mit dem 40-Kilo-Freigepäck allein ließ sich all das, was man aus Deutschland brauchte oder vermisste, nicht transportieren.

Kurz vor ihrer Abreise nach Deutschland erwähnten sie beiläufig, dass sie noch einige Vorräte übrig hätten, die sie nicht aufbrauchen würden. „Wir haben noch zwölf Dosen Sauerkraut übrig", sagten sie mit einem Lächeln – als ob es das Selbstverständlichste der Welt sei, dass man auf den Philippinen zwölf Dosen Sauerkraut im Gepäck hat. In dem Moment wussten wir sofort, was das bedeutete: Ein Stück Bayern würde auf den Tisch kommen.

Am letzten Tag unseres Aufenthalts, kurz bevor wir wieder nach Deutschland zurückfliegen sollten, entschieden wir uns, aus dieser Gelegenheit ein Fest zu machen. Ein typisch deutsches Essen, mitten auf den Philippinen – das sollte unser Abschied von diesem Urlaub werden. Die Sauerkrautdosen wurden geöffnet, und dazu bereiteten wir alles zu, was sonst noch für ein richtig deutsches Mahl nötig war: Kartoffeln, Knöchle, Kassler – alles, was uns an die fränkische Heimat erinnerte und uns noch einmal die Geschmäcker Deutschlands ins Gedächtnis rief.

Es war ein herrliches Essen. Das Sauerkraut war

vielleicht nicht ganz das, was man sich in einer tropischen Umgebung erhofft hätte – aber genau das machte es besonders. Es war dieser Moment, in dem wir alle ein Stückchen Deutschland inmitten der philippinischen Hitze erlebten – ein unerwarteter Kontrast, der uns zum Schmunzeln brachte. Für uns alle, die wir regelmäßig zwischen den Welten hin und her pendelten, war dieses Sauerkrautessen am letzten Tag eine kleine, aber besondere Erinnerung daran, wie eng Deutschland und die Philippinen für uns miteinander verwoben waren.

Der Schreiner

Gleich im Haus neben uns lebte der Schreiner mit seiner Familie – ein begabter Handwerker, der immer zur Stelle war, wenn es irgendwo klemmte oder klapperte. Ob die Haustür neu justiert werden musste oder die Tischtennisplatte noch den letzten Schliff brauchte – er half bei jeder Kleinigkeit. Mit einer Ruhe und Selbstverständlichkeit, die einfach zur Nachbarschaft gehörte.

Die neuesten Werkzeuge hatte er nicht, dafür aber umso mehr Geschick – und so freute er sich jedes Mal, wenn er das moderne Equipment unseres Papas benutzen durfte.

Eines Tages kam uns die Idee, ein Foto von ihm und einer unserer Bohrmaschinen zu machen. Der Plan: das Bild an einen befreundeten Werkzeugverkäufer in Deutschland zu schicken – in der Hoffnung, es vielleicht im nächsten Katalog unterzubringen. Als Zeichen dafür, dass diese Maschinen wirklich weltweit zum Einsatz kommen. Wir malten uns schon aus, wie wir ihm beim nächsten Besuch auf den Philippinen das Katalogbild zeigen würden. Er hätte sich bestimmt riesig gefreut, sich selbst in einem deutschen Werkzeugkatalog zu sehen.

Doch die Idee scheiterte – wie so vieles – an der deutschen Bürokratie. Der Hersteller bestand auf einer schriftlichen Einverständniserklärung, um das Foto überhaupt nutzen zu dürfen. Ein Detail, das uns absurd erschien, denn schließlich kannten wir ihn persönlich. Aber wir waren auch nicht überrascht – wir wussten, wie Bürokratie in Deutschland funktioniert.

So blieb das Foto nur eine schöne Erinnerung. Und wie wir kürzlich beim Schreiben dieses Kapitels von unserer

Mama erfuhren, lebt der Schreiner inzwischen leider auch nicht mehr.

Boy

Boy – so nannten ihn alle – wohnte gleich um die Ecke. Er war einer der Männer, die beim Bau des Hauses geholfen hatten – stets dabei, immer mit einem Lächeln im Gesicht.

Besonders eng war seine Freundschaft zu Andrew. Die beiden verstanden sich ohne Worte. Wenn Ebbe war, streiften sie gemeinsam durchs Watt, sammelten Muscheln, Seeigel – manchmal einfach nur Stille. Andrew konnte damals kaum Englisch, und Boy sprach sowieso nur Visaya. Und trotzdem: Die beiden funktionierten.

Er war jemand, der alle zum Lachen brachte. Ständig erzählte er Witze – laut, lebendig – und alle lachten mit. Alle, außer uns vielleicht. Nicht, weil es nicht lustig war, sondern weil wir kaum ein Wort verstanden. Seine Sprache war voller Leben, aber für uns oft ein Rätsel.

Zigaretten hatten wir natürlich immer für ihn dabei – ein beliebtes Mitbringsel. Duty Free sei Dank waren sie bei uns günstiger, und er freute sich jedes Mal, als hätten wir ihm ein kleines Fest geschenkt. Einmal schickten wir ihm sogar eine Postkarte vom Oktoberfest – und er war unglaublich stolz darauf. Er zeigte sie herum, als wäre es ein offizielles Diplom.

Boy war einer von denen, die einfach dazugehören, ohne dass man es merkt – bis sie fehlen. Er starb im Jahr danach. Chronisch krank, wie man irgendwann erfuhr. Zu früh, zu leise – aber mit einem Lächeln, das in Erinnerung bleibt.

Umweg

Wer viel reist, merkt schnell: Ungeplante und nicht angekündigte Zusatzkosten gehören manchmal dazu. Auf den Philippinen passiert das oft mit einem Lächeln, das einem suggeriert, man bezahle nicht nur für den Service, sondern gleich auch für die gute Laune.

Ein Erlebnis, das uns besonders in Erinnerung geblieben ist: die Fahrt zum Hafen. Eigentlich eine unkomplizierte Strecke – sollte man meinen. Doch unser Jeepney machte einen unerwarteten Zwischenstopp – nicht etwa am Terminal, sondern an einem strategisch platzierten Fahrradtaxistand. Die Erklärung: Fahrzeuge dürften angeblich nicht direkt zum Hafen. Warum genau, blieb schleierhaft – zumal wir später selbst mehrere Jeepneys direkt am Hafen stehen sahen.

Das System war schnell durchschaut: Der Zwischenhalt sorgte dafür, dass auch die Fahrrad-Taxi-Fahrer ein Stück vom Kuchen abbekamen. Für uns bedeutete das lediglich einen kleinen Umweg und ein paar Peso mehr. Und wie bestellt standen dort bereits die freundlich lächelnden Fahrer bereit, unser Gepäck aufzunehmen und uns die letzten Meter zu chauffieren.

Natürlich machten wir mit – was blieb uns anderes übrig? Also stiegen wir ein, ließen uns kutschieren und nahmen es mit Humor. Keine große Sache, kein Ärger – nur eine weitere dieser typischen Reisegeschichten, über die man später schmunzelt. Und am Ende kam alles heil an.

* * *

Im Fahrradtaxi, mit Papa und Andrew mittendrin.

Und ich war natürlich auch im Fahrradtaxi dabei.

Kapitel 11: Sommerferien 2006

Im Sommer 2006 änderte sich für uns etwas Grundlegendes: Wir machten unseren Tauchschein und tauchten zum ersten Mal in die faszinierende Unterwasserwelt der Philippinen ein. Die Tauchbasis, die von einer deutsch-philippinischen Familie betrieben wurde, war für uns immer ein besonderer Anlaufpunkt. Der Sohn des Inhabers nutzte jede Gelegenheit, um seine Deutschkenntnisse zu verbessern, und wir hatten jedes Jahr aktuelle Zeitschriften aus Deutschland im Gepäck. Nach dem Lesen ließen wir sie dort, sodass auch er und die deutschsprachigen Gäste der Tauchbasis immer etwas Lesestoff hatten – ein kleines Stück Deutschland, das den Sommer über blieb.

Für uns bedeutete der Tauchschein den Zugang zu einer völlig neuen Welt. Zwei Wochen lang lernten wir die Grundlagen des Tauchens – von der Ausrüstung über die Techniken bis hin zur Sicherheit – und am Ende hielten wir stolz unsere Tauchscheine in den Händen. Es war ein besonderes Gefühl, die bunten Korallen und Fische in 10 bis 15 Metern Tiefe zu sehen – ein Abenteuer, das uns nachhaltig beeindruckte.

Uns wurde auch bewusst, welches Privileg das Tauchen in dieser Region darstellt. Viele Einheimische, die nur ein paar Meter vom Wasser entfernt leben, können sich das Tauchen nicht leisten. So bleibt das Erlebnis der

Meereswelt oft wohlhabenderen Filipinos und den Touristen vorbehalten. Doch mit der wachsenden Aufmerksamkeit für den Naturschutz wird alles dafür getan, die Riffe und ihre Biodiversität zu schützen. Aufklärungsprogramme in den Schulen und Gemeinden sensibilisieren auch die Einheimischen für den Schutz des Meeres. Projekte zur Mülltrennung und Schulungen über den Umgang mit der Natur zeigen, dass sich das Bewusstsein wandelt.

Trotz der schönen Erinnerungen entschieden wir uns, im Jahr 2007 eine Pause einzulegen und nicht auf die Philippinen zu fliegen. Der Sommer 2006 blieb also in vielerlei Hinsicht besonders in Erinnerung – als das Jahr unseres ersten Tauchgangs und des intensiven Erlebens, das wir für einige Zeit in Ruhe nachwirken lassen wollten.

* * *

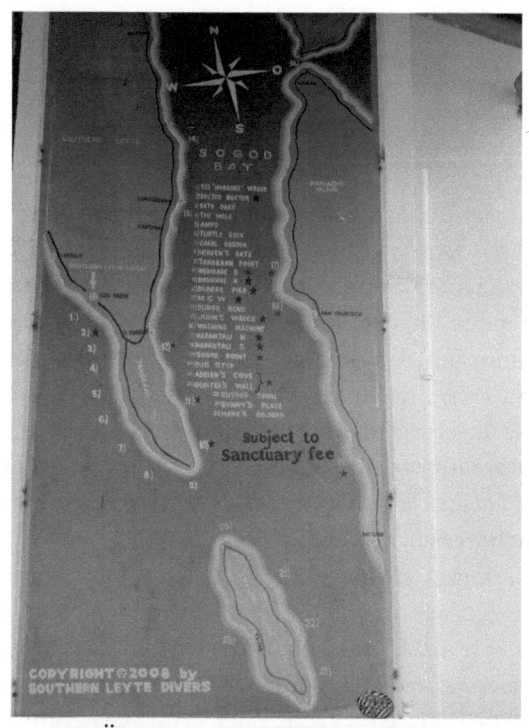

Die Übersichtskarte der Tauchspots von den „Southern Leyte Divers" – Stand 2008

Limaswa

Die Nachbarinsel Limasawa hat einen wichtigen Platz in der Geschichte, denn es war diese Insel, die Ferdinand Magellan angesteuert hatte, als er auf seiner berühmten Reise um die halbe Welt segelte. Wir machten einmal einen Ausflug dorthin, um das „Magellan-Kreuz" zu besuchen, das auf einem Hügel der Insel errichtet wurde. Viel mehr gab es auf der Insel eigentlich nicht zu sehen – abgesehen von der atemberaubenden Schönheit der Strände und der unberührten Natur. Eine kleine, fast vergessene Perle im Ozean, die in ihrer Schlichtheit beeindruckte.

Eine Bemerkung meines Papas blieb mir jedoch besonders im Gedächtnis: „Das Bier ist warm", sagte er erstaunt, als wir nach unserem Aufstieg auf den Hügel etwas Erfrischendes trinken wollten. Auf Limasawa gab es damals nur begrenzten Strom, der von Generatoren erzeugt wurde. Daher war es keine Selbstverständlichkeit, ein gekühltes Getränk zu bekommen – und für jemanden, der es gewohnt war, jederzeit kalte Getränke zu haben, war das eine kleine Überraschung.

Die Insel hatte zu dieser Zeit nur für ein paar Stunden am Tag Strom, und das reichte gerade aus, um die wichtigsten Dinge zu betreiben. Ob das heute noch so ist, weiß ich nicht genau – aber es wäre interessant zu sehen, ob Limasawa mittlerweile auf Wind- oder Solarenergie umgestiegen ist. Für die heutige Zeit würde das sicherlich gut passen, und es wäre ein spannendes Ziel für unsere nächste Reise. Vielleicht werden wir dann sehen, wie sich die Insel weiterentwickelt hat – und ob die Getränke mittlerweile kalt serviert werden.

Karaoke

Gerade, als ich über *Deutschland sucht den Superstar* (ja, es läuft immer noch im Jahr 2024) stolperte, blieb ich an einem Sänger hängen. Sofort sagte ich zu meiner Freundin: „Der ist Filipino!" Der junge Mann, Rendy Aprillio aus Norderstedt, hatte kaum begonnen zu singen, und doch war es sofort klar. Seine Stimme, sein Stil – das war unverkennbar. Filipinos und Filipinas haben einfach dieses besondere Talent zum Singen, und das kommt nicht von ungefähr.

Auf den Philippinen ist Singen mehr als nur eine Freizeitbeschäftigung – es ist eine Lebensart. Überall gibt es Karaoke-Maschinen. In jedem Haushalt findet sich mindestens ein Mikrofon, meist begleitet von einem Buch mit den Tastenkombinationen zur Songauswahl und einer kleinen „Rating"-Maschine, die nach jedem Song den Gesang bewertet. Karaoke gibt es überall: auf der Fähre mitten in der Nacht um 3 Uhr, während es die anderen Passagiere wachhält, die eigentlich schlafen wollen; in der Nachbarschaft, wo um Mitternacht die ganze Gegend beschallt wird. Es wird gesungen – egal ob gut oder schief – und nicht selten mit solcher Leidenschaft, dass es alle ansteckt.

Die Bedeutung des Singens auf den Philippinen geht tief. Es geht nicht darum, perfekt zu sein – es geht um das Gefühl, um die Freude am Augenblick, um das Zusammenkommen. Singen bringt die Menschen zusammen, egal wo sie sind. Es ist kein Zufall, dass der neue Sänger der Band Journey, Arnel Pineda, Filipino ist und in die Fußstapfen des legendären Steve Perry trat.

Filipinos haben ein riesiges Talent für die Bühne – und es

wird endlich mehr wahrgenommen. Künstler wie Jo Koy, ein philippinisch-amerikanischer Comedian, machen sich weltweit einen Namen und schaffen ein Bewusstsein für die philippinische Kultur. Es ist ein Schritt in die richtige Richtung, und wir hoffen, dass diese talentierte Gemeinschaft, die uns so nahe steht, in Zukunft noch stärker repräsentiert wird.

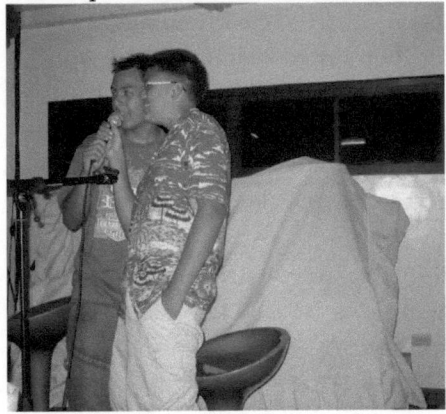

Ein Moment aus dem Jahr 2006: Wir zwei, Seite an Seite, singen bei einer Karaoke-Session aus vollem Herzen – unperfekt, aber voller Gefühl.

Abschiede

Die Abschiede von den Philippinen waren immer voller Emotionen. Es fühlte sich an, als würde uns das Land ein kleines Stück mehr festhalten, je näher der Rückflug rückte. Unser Opa war sehr traurig, auch wenn er seine Gefühle nur heimlich zeigte.

Ein anderes Mal schien es, als wäre die gesamte Verwandtschaft gekommen, um uns am Hafen Lebewohl zu sagen: Onkel, Tanten, Cousins und Cousinen – alle waren da, um uns mit herzlichen Umarmungen und leisen Worten zu verabschieden.

Die letzten Stunden vor unserer Abreise waren stets von einer leisen Schwermut erfüllt. Die Koffer standen bereits bereit, die vertrauten Straßen und Gesichter zogen ein letztes Mal an uns vorbei. Selbst unsere Tauchbasis wurde zu einem Ort des Abschieds. Immer wieder fragte uns die Crew: „Kommt ihr nächstes Mal wieder?" Und meistens antworteten wir ausweichend: „Wir wissen es noch nicht genau, aber wir versuchen es."

Solange wir noch zur Schule gingen, war der Zeitraum für die nächste Reise vorhersehbar – immer die Sommerferien, immer dieselben Wochen. Doch mit den Jahren stiegen die Flugpreise. Die Zeiten der ermäßigten Kinderpreise waren vorbei, und irgendwann mussten wir den vollen Preis für vier Tickets zahlen. Es war eine beträchtliche Summe, und jedes Jahr warfen wir einen kurzen, unsicheren Blick zurück und sagten: „Das müssen wir erst einmal sehen."

Kapitel 12: Sommerferien 2008

2008 stand eigentlich keine Reise auf die Philippinen an. Doch dann erreichte uns die Nachricht, dass es unserem Opa nicht gut ging – und wir beschlossen, alles stehen und liegen zu lassen und zur Familie zu reisen. Unsere Ankunft schien ihm gutzutun: Von Tag zu Tag ging es ihm besser, und die Freude, ihn zu sehen, lag in jedem Moment, den wir miteinander verbrachten.

Zum ersten Mal hatte ich meinen Laptop dabei und zeigte ihm alles, was mich daran so faszinierte. Zusammen schauten wir ein paar Filme, und ich hoffte, irgendwo ein WLAN-Signal zu finden, um ihm auch die weite Welt des Internets zeigen zu können. Unser Opa ließ sich alles mit Neugier erklären und genoss die gemeinsame Zeit, als hätte er das Gefühl, dass diese Tage etwas Besonderes waren. Manchmal kam er mit Getränken zu uns, und wir spürten diesen altbekannten Zusammenhalt, den er immer ausstrahlte. Mama war ebenfalls ständig bei ihm – voller Freude und Erleichterung, ihren Papa wieder aufleben zu sehen.

Wir tauchten, lachten und verbrachten diese Zeit ganz bewusst. Unsere Tauchbasis war wie immer ein Höhepunkt – die Momente unter Wasser, das gemeinsame Lachen, die Geschichten: All das fühlte sich fast magisch an. Wir waren fast 16 und 14 Jahre alt und genossen die Freiheit, mit unseren älteren Cousins das Nachtleben zu erkunden – halb legal, aber erfüllt von dem aufregenden Gefühl, endlich ein kleines Stück Erwachsensein zu erleben.

Diese Reise sollte auch die letzte auf die Philippinen bleiben, die wir mit unserem Opa teilten. Kurz nach unserer Rückkehr nach Deutschland starb er. Wir hatten die Beerdigung nicht miterlebt, aber das war in Ordnung für uns. Wir hatten uns von ihm verabschieden können – und die letzten Tage, die wir miteinander verbrachten, waren voller Nähe und schöner Erinnerungen. Die Gespräche, das Lachen und die kleinen Momente mit ihm trugen uns durch die Trauer und lassen uns bis heute an diesen Sommer denken – einen Sommer voller Abschied und Verbundenheit, der für immer in unserem Gedächtnis bleiben wird.

Der Japaner

In unserem Dorf lebte ein Mann, den wir nur „den Japaner" nannten. Er war vor vielen Jahren auf die Philippinen gekommen und hatte sich dort ein Leben aufgebaut.

Er war nicht nur freundlich und zuvorkommend, sondern auch ein Universalhandwerker. Es gab scheinbar nichts, für das er keine Lösung hatte. Egal, ob es um ein kaputtes Werkzeug, ein defektes Rohr oder eine improvisierte Konstruktion ging – er wusste immer, wie man es reparierte. Es war fast so, als hätte er für jedes Problem irgendwo einen Trick parat.

Wenn er nicht gerade etwas baute oder reparierte, sahen wir ihn oft morgens am Strand, wie er mit Schnorchel und Taucherbrille nach Seeigeln suchte. Dabei wirkte er so ruhig und gelassen, als würde er einfach in den Tag hineinleben.

Er hatte auf den Philippinen nicht nur sein Zuhause gefunden, sondern auch eine Familie. Seine Frau und seine Tochter lebten ebenfalls im Dorf.

Jedes Jahr, wenn wir auf die Philippinen zurückkehrten, war er da – auch in den letzten Jahren. Jetzt, im Jahr 2024, während ich dieses Kapitel schreibe, habe ich noch einmal mit unserer Mama gesprochen und nach ihm gefragt. Leider erfuhr ich, dass er nicht mehr lebt.

Internet Cafe

In den frühen Jahren auf den Philippinen hatten wir kaum richtigen Kontakt nach Hause. Das Internet, wie wir es heute kennen, war noch nicht weit verbreitet, und mobiles Internet war praktisch unerschwinglich und selten. In den 2000er-Jahren begannen die ersten Internet-Cafés in den Städten aufzukommen – und plötzlich hatten auch wir die Möglichkeit, uns ab und zu mit der Heimat zu verbinden.

Wir beide hatten damals SchülerVZ und ICQ, und für etwa zwei Euro konnten wir uns für eine Weile in eines dieser Internet-Cafés einloggen. Es war aufregend, wieder Teil der digitalen Welt zu sein, denn dort warteten Geburtstagsgrüße und Nachrichten von Freunden, die wir sonst nur selten erreichten.

Diese Cafés waren besonders beliebt – nicht nur bei uns, sondern auch bei vielen Filipinos, deren Familienangehörige im Ausland arbeiteten. Sie waren die wichtigste Verbindung für all jene, die ihre Liebsten in fernen Ländern hatten. Die Zeiten, in denen man in der digitalen Welt von heute einfach überall mobil surfen konnte, lagen noch in weiter Ferne.

Kapitel 13: Check-Out

Nachdem wir am Flughafen „ausgecheckt" hatten, begann direkt die nächste Routine. Nach jeder Rückkehr von den Philippinen gab es bei uns zu Hause eine Art inoffizielles Auspack-Treffen – fast schon wie ein kleines Fest. Es war immer klar, dass wir Briefe und kleine Geschenke aus der fernen Heimat mitgebracht hatten, und die warteten nur darauf, verteilt zu werden. Also luden wir Familie und Freunde zu uns ein, und oft gab es frische Mangos aus den Philippinen, die wir mitgenommen hatten – dazu ein paar andere Leckereien, die Erinnerungen wachriefen.

Jeder wollte wissen, wie der Urlaub war, und das Erzählen wurde zum Teil des Erlebens. Im Hintergrund lief meist ein Video vom letzten Urlaub – Bilder von unseren Cousins, Ausflügen und Festen. Die Erinnerungen schienen lebendig zu werden, und während wir zurückblickten, spielten wir fast automatisch „Stille Post": Neuigkeiten aus dem Dorf, die beim Weitererzählen Runde für Runde ein wenig verändert wurden. „Der eine Freund von der Brücke lebt leider nicht mehr" oder „der Nachbar ist nach Kanada ausgewandert" – es gab immer so viel zu berichten.

Fast immer wurden auch schon Pläne für die nächste Reise geschmiedet. Freunde und Verwandte fragten, wann wir wieder fliegen würden, und die ersten Ideen für das nächste Jahr machten die Runde. Dieses kleine Get-together war nie nur ein Rückblick, sondern auch ein Vorgeschmack auf das, was noch kommen würde – ein Moment, in dem wir mit einem Bein bereits wieder zurück auf den Philippinen standen.

Kirchweih

Am ersten Sonntag im September war in Hohenfeld, unserem Heimatdorf, wie jedes Jahr Kirchweih – oder „Kerm", wie wir sie liebevoll nennen. Kaum waren wir angekommen, freuten wir uns schon darauf, unsere Freunde wiederzusehen. Es waren die letzten unbeschwerten Tage, bevor der Schulalltag wieder begann. Die Kerm war ein fester Bestandteil unserer Kindheit in Franken – das Dorffest, bei dem sich alle versammelten: Freunde, Nachbarn und auch jene, die das Dorf längst verlassen hatten, kamen für dieses eine Wochenende zurück.

Die Kerm war mehr als ein Fest – sie war ein Stück Zuhause. Wenn alle zusammenkamen, sich Geschichten vom Sommer erzählten und gemeinsam feierten, entstand jedes Jahr aufs Neue dieses vertraute Gefühl von Zusammenhalt. Sie erinnerte uns an die Fiesta in unserem philippinischen Heimatdorf – auch dort war das Fest ein Anlass, bei dem die Familie zusammenkam, Erinnerungen geteilt und Traditionen gelebt wurden.

Zwischen Bolzplatz, Fußballspielen und dem ersten Training nach der Sommerpause kehrte langsam der Alltag zurück. Doch die Kerm machte uns den Übergang leichter – von der Leichtigkeit des Sommers zurück in die Struktur des Alltags, von einer Welt in die andere.

In diesen Momenten wurde uns bewusst, wie sehr wir in beiden Kulturen zuhause waren. Die fränkische Kerm und die philippinische Fiesta – so unterschiedlich sie auch waren, verband sie doch etwas Grundlegendes: das Gefühl von Heimat, Gemeinschaft und Zugehörigkeit. Sie waren zwei Seiten derselben Kindheit – und beide begleiteten uns jedes Jahr wie ein kleines Ritual des Ankommens.

Andrew und ich bei der Kerm 2022 – stilecht in Lederhosen.

TEIL 2: IDENTITÄTEN (2009 - 2013)

Erwachsen werden

Mit diesen Jahren endete endgültig das „Zeitalter der Kassetten". Die vertrauten Aufnahmen aus der Kindheit wichen digitalen Bildern und Social Media. Wir waren in der digitalen Welt angekommen – und mit ihr begann ein neuer Abschnitt in unserem Leben.

Zwischen 2009 und 2014 machten wir uns auf den Weg, erwachsen zu werden – eine Zeit, die uns prägte und unsere Perspektiven formte. Es waren Jahre der ersten Schritte in die Unabhängigkeit: Wir begannen, allein zu reisen, zu studieren, erste Jobs anzunehmen. Zum ersten Mal verdienten wir eigenes Geld, während wir gleichzeitig die Verantwortung für die Familie nie ganz aus den Augen verloren – auch wenn Studium und Arbeit uns phasenweise in unterschiedliche Richtungen führten.

Dieser Lebensabschnitt war begleitet von einem intensiveren Blick auf unsere philippinische Herkunft und das gesellschaftliche Leben in unserem zweiten Heimatland. Auch wenn wir in dieser Zeit nicht mehr selbst auf den Philippinen waren, verfolgten wir aufmerksam, was dort geschah – wie sich die politische Lage veränderte, welche Herausforderungen die Menschen beschäftigten.

Je älter wir wurden, desto stärker wurde auch das Bedürfnis, die kulturellen Unterschiede zwischen Deutschland und den Philippinen wirklich zu verstehen. Mit Anfang 20 begannen wir, beide Gesellschaften mit neuen Augen zu betrachten – ihre Strukturen, Bräuche und Dynamiken. Und mit diesem Verstehen-Wollen kam auch die Erkenntnis, wie tief die philippinische Kultur und Gemeinschaft in uns verankert war, obwohl wir unser

Leben größtenteils in Deutschland führten.

Dieser Teil des Buches ist daher nicht nur eine Chronik unseres Erwachsenwerdens, sondern auch eine Reise in die komplexen, manchmal widersprüchlichen Gesellschaften, zu denen wir gehören.

Kapitel 14: Deutschland verstehen

Deutschland – ein wirtschaftlich starkes Land im Herzen Europas, bekannt für seine Industrie, seine Infrastruktur und seine Rolle als Exportnation. Mit rund 84 Millionen Einwohnern zählt es zu den bevölkerungsreichsten Ländern Europas und bietet vielen Menschen Stabilität, Sicherheit und Bildungschancen. Die deutsche Gesellschaft ist geprägt von einem hohen Maß an Organisation, sozialer Absicherung und dem Streben nach Individualität – steht jedoch zugleich vor Herausforderungen wie Integration, demografischem Wandel und zunehmender gesellschaftlicher Vielfalt.

Dieses Kapitel gibt einen Einblick in die Jahre, in denen wir lernten, was es bedeutet, deutsch zu sein – und dass Identität nicht immer eine klare Antwort kennt. Es war eine Zeit der Reflexion, in der wir erkannten, dass beide Kulturen ein Teil von uns sind.

Geschichte

Die Geschichte Deutschlands ist untrennbar mit den beiden Weltkriegen verbunden. Noch heute tragen viele Familien die Erinnerungen an diese Zeit weiter – auch wir. Unsere Großeltern haben den Zweiten Weltkrieg miterlebt, manche als Kinder in Luftschutzkellern, andere als junge Menschen an der Front oder auf der Flucht. Ihre Geschichten – voller Angst, Verlust und Überlebenswillen – begleiten uns bis heute. Sie sind Teil unseres kollektiven Gedächtnisses und prägen das historische Bewusstsein vieler Menschen in Deutschland.

Gleichzeitig ist Deutschland ein Land voller Gegensätze – nicht nur kulturell, sondern auch historisch und regional. Die Unterschiede zwischen dem ehemaligen Osten und Westen sind auch Jahrzehnte nach der Wiedervereinigung spürbar – sei es im wirtschaftlichen Wohlstand, in politischen Einstellungen oder im Selbstverständnis der Menschen. Im Norden prägen die Friesen mit ihrer eigenen Sprache und Tradition die Küstenregionen, während in Bayern, mit seiner katholisch geprägten Kultur, den Alpen, Tracht und Bräuchen, eine ganz andere Identität gelebt wird. Dazwischen liegen Städte wie Berlin, Köln oder Leipzig, in denen sich Vergangenheit, Gegenwart und Zukunft auf besondere Weise begegnen. Dieses Spannungsfeld ist Teil dessen, was Deutschland heute ausmacht – ein Land, das sich ständig neu definiert, aber auch lernen muss, mit seinen inneren Unterschieden umzugehen.

In der deutschen Gesellschaft spielt das Erinnern und das Verstehen der eigenen Geschichte eine zentrale Rolle. Der Nationalsozialismus, der Holocaust, Krieg und

Zerstörung – all das hat nicht nur das Land, sondern auch seine Verantwortung in der Welt maßgeblich geprägt. Die Aufarbeitung dieser dunklen Kapitel und das klare Bekenntnis zu Demokratie, Menschenrechten und Frieden sind zu einem wichtigen Teil der deutschen Identität geworden. Bildung, Gedenkstätten, Mahnmale und schulische Aufklärung tragen dazu bei, dass „Nie wieder" nicht nur eine Floskel bleibt.

Doch diese Haltung steht heute zunehmend unter Druck. Eine offen rechtsextreme Partei findet immer mehr Zuspruch – in einigen Regionen ist sie längst stärkste Kraft. Rassismus, Antisemitismus und nationalistische Töne, die man lange für überwunden hielt, dringen wieder spürbarer in den Alltag – und auch in die Parlamente – ein. Im Bundestag von 2025 liegt der Anteil von Abgeordneten mit Migrationshintergrund bei nur 11,6 %, obwohl fast 30 % der Bevölkerung selbst oder durch ihre Eltern Migrationserfahrungen haben.

Noch deutlicher zeigt sich diese Schieflage auf kommunaler Ebene: In vielen Stadt- und Gemeinderäten findet man kaum Menschen mit Migrationsgeschichte. Es wirkt fast so, als gäbe es eine unsichtbare Mauer zwischen Politik und Gesellschaft – zwischen denen, die mitentscheiden, und denen, die oft nur zuschauen dürfen. Diese fehlende Repräsentation macht uns Sorgen. Denn wer nicht mit am Tisch sitzt, dessen Perspektiven werden schnell übersehen. Eine vielfältige Gesellschaft braucht auch eine vielfältige politische Stimme – überall, nicht nur auf dem Papier.

Geschichte zu verstehen heißt auch, aus ihr zu lernen und wachsam zu bleiben. Doch dieses Bewusstsein scheint in Teilen der Gesellschaft zu schwinden. Umso wichtiger ist es, sich aktiv für eine vielfältige, gerechte und demokratische Zukunft einzusetzen – damit sich die Fehler der Vergangenheit nicht wiederholen.

Verein

In unserem Heimatdorf Hohenfeld hatten wir schon immer das Gefühl, wirklich dazuzugehören. Hier wuchsen wir auf, hier lebten unsere Freunde, unsere Familie und die Gemeinschaft, die uns prägen sollte. Das war unsere erste Heimat – ein Ort, an dem wir nicht nur die Sprache perfekt beherrschten, sondern auch die Traditionen und das Gemeinschaftsgefühl verinnerlicht hatten.

Teil dieser Gemeinschaft zu sein, hieß natürlich auch, sich im Verein zu engagieren. Von klein auf spielten wir im örtlichen Verein Fußball und Tischtennis, durchliefen fast alle Jugendmannschaften und wechselten schließlich zu den Erwachsenen. Es war für uns selbstverständlich, bei Vereinsfeiern zu helfen und uns – wie es sich für „echte Deutsche" gehört – auch ehrenamtlich zu engagieren. Die Kirchweih, also das Dorffest, oder das große Sonnwendfeuer im Sommer waren Highlights des Jahres. Und auch heute helfen wir noch mit, wenn es unsere Zeit erlaubt.

Das Vereinsleben ist das Herzstück einer Dorfgemeinschaft. Es schafft Verbindungen, die ein Leben lang halten, und gibt einem das Gefühl, wirklich dazuzugehören. Für alle, die in Deutschland ankommen und sich integrieren möchten, kann es kaum etwas Wertvolleres geben, als Teil eines Vereins zu werden. Ein kleiner Appell an alle, die hier ihre neue Heimat finden wollen: Engagiert euch im Verein! Schickt eure Kinder zum Fußball, Handball oder in einen anderen Sportverein. Vereinsleben bedeutet Zusammenhalt – und es ist der Weg, echte Wurzeln zu schlagen.

Unsere Eltern, besonders unser Papa, unterstützten uns

von Anfang an. Er war unser größter Fan, unser Fahrer und oft auch unser Motivator. Besonders als wir als Schiedsrichter unterwegs waren, waren wir auf diese Fahrten angewiesen – und unser Papa war immer dabei, auch noch, als wir längst selbst fahren konnten.

Heute begegnen wir oft Menschen, die wir noch aus dieser Zeit kennen – alte Mannschaftskameraden, Bekannte aus dem Dorf und frühere Schiedsrichter, die uns immer wieder an die gemeinsamen Erlebnisse erinnern. Es sind schöne Erinnerungen an ein echtes Gemeinschaftsgefühl, das von Generation zu Generation weitergetragen wird. Wer in Deutschland ankommen will, sollte das Vereinsleben erleben – es sind die echten Wurzeln, die ein Zuhause schaffen.

Schiedsrichter

Mit 14 Jahren entschieden wir uns, Fußball-Schiedsrichter zu werden. Unser Heimatverein brauchte dringend Unterstützung, und da wir schon immer eng mit dem Verein verbunden waren, war es für uns selbstverständlich, diese Aufgabe zu übernehmen. Die Jahre als Schiedsrichter haben uns viel gelehrt – über Verantwortung, Entscheidungsfreude und Durchhaltevermögen.

Schiedsrichter zu sein, besonders in jungen Jahren, ist eine Herausforderung. Als 14-Jährige pfiffen wir oft Spiele von gleichaltrigen oder sogar älteren Mannschaften. Zu Beginn waren wir nervös – die Verantwortung war groß, und jedes Spiel bedeutete Anspannung. Als Schiedsrichter musst du innerhalb von Sekundenbruchteilen Entscheidungen treffen, das Spiel lesen und die Spieler verstehen. Fehler gehören dazu – genau wie in der Bundesliga, trotz all der heutigen Technik.

Durch die Schiedsrichterei wurde man im Fußballumfeld schnell bekannt – und das brachte auch unschöne Erfahrungen mit sich. Leider ist Rassismus im Fußball, auch in Deutschland, immer noch ein Thema. Wir hörten oft rassistische Witze und Kommentare, die in Vereinen und Facebook-Gruppen kursierten. Wir versuchten, das locker zu nehmen – aber innerlich hat es uns oft getroffen. Solche Worte tun weh, besonders wenn sie von Menschen kommen, die man eigentlich respektierte oder als Freunde ansah.

In diesem Buch möchten wir diese Sprüche nicht wiederholen. Doch eine Botschaft ist uns wichtig: Rassismus zu ignorieren oder stillschweigend hinzunehmen – besonders im Vereinsleben oder Fußballumfeld – lässt dieses Verhalten weiterbestehen. Wir sollten uns alle trauen, in solchen Momenten Stellung zu beziehen. Ein einfaches Wort, ein Hinweis, kann für viele Betroffene eine große Hilfe sein – und zeigt, dass Diskriminierung in unserer Gemeinschaft keinen Platz hat.

Diese Jahre als Schiedsrichter haben uns geprägt. Sie waren nicht immer einfach, aber sie haben uns stark gemacht – und sie haben uns gezeigt, wie wichtig es ist, aufrecht zu stehen und für sich und andere einzutreten, auf und neben dem Platz. Heute sind wir beide keine Schiedsrichter mehr.

Ausländer

Manche Dinge bleiben einfach hängen – zum Beispiel die Art und Weise, wie über „die Ausländer" oder „die Moslems" gesprochen wird, sowohl in privaten Gesprächen als auch in der Öffentlichkeit. Es ist kein Wunder, dass in Deutschland rechtsradikale Parteien zunehmend Zuspruch finden. Viele Menschen leben gern in ihrer gewohnten Umgebung. Doch wir leben auch in einer Demokratie, in der sich jede und jeder beteiligen kann – und sollte. Gerade hier finden Populisten ihre Bühne, oft mit absurd verkürzten Aussagen über „die Ausländer", die pauschal für alles Mögliche verantwortlich gemacht werden. Uns ist manchmal unbegreiflich, wie solche Ideen so viele Menschen erreichen und überzeugen können.

Wir beide sind in Deutschland zur Schule gegangen, in Klassen, die geprägt waren von einer Vielfalt an Nationalitäten und Kulturen. Diese Mischung war für uns alle eine Bereicherung. Es war immer spannend, wenn Freunde von ihren Wurzeln erzählten – sei es die türkische Heimat des einen oder die pakistanische Familie des anderen. Doch nach der Schulzeit scheint für viele Menschen der Kontakt zu anderen Kulturen zu verschwinden, und die einstige Offenheit weicht oft einer Rückkehr in den vertrauten Rahmen. Dann beginnt für viele das „normale Leben" – Ausbildung, Job, Alltag – und mit ihm das ständige Streben nach Sicherheit und Stabilität. Genau hier setzen Vorurteile an: mit verkürzten Nachrichten, unterschwelligem Misstrauen und oft schlichtem Unverständnis für das Fremde.

Auch wir selbst haben solche Vorurteile und Anfeindungen erlebt – nicht nur online, sondern auch im echten Leben. In solchen Momenten wird deutlich, wie tief solche Einstellungen sitzen, selbst wenn sie oft nur hinter vorgehaltener Hand geäußert werden.

Das Grundgesetz und die demokratischen Werte, die Deutschland ausmachen, sprechen eigentlich klar gegen solches Denken. Doch wenn es Parteien und Organisationen gibt, denen diese Werte egal sind, färbt das schnell auf Menschen ab – und aus einem Deutschland für alle droht ein Deutschland nur für „echte Deutsche" zu werden.

Deutsche Sprache

Für viele Filipinos, die nach Deutschland kommen, ist die deutsche Sprache eine echte Herausforderung. Ein großes Problem, könnte man sagen. Denn Deutsch ist – das weiß wohl jeder, der sich damit beschäftigt hat – eine schwierige Sprache. Mit ihren Regeln, Fällen, Artikeln und endlosen Ausnahmen fühlt sie sich oft wie ein riesiger Hindernisparcours an. Doch eines wird man kaum erleben: einen Filipino, der hier lebt und nicht versucht, Deutsch zu lernen. Und nicht nur das – sie wollen es immer besser machen. Das ist bewundernswert und verdient Respekt.

Wir kennen das nicht nur von Filipinos, sondern auch von vielen anderen Menschen, die nicht in Deutschland geboren wurden. Oft sprechen sie mit einem charmanten Dialekt oder Akzent, der ihre Herkunft erkennen lässt. Es wird deutlich, dass Deutsch nicht ihre Muttersprache ist – aber die Mühe, die sie investieren, um sich in dieser Sprache zu verständigen, ist beeindruckend.

Wenn wir jedoch auf unsere Kindheit zurückblicken, war das nicht immer so locker und verständnisvoll. Manchmal hatten wir das Gefühl, dass Menschen, die nicht perfekt Deutsch sprechen, nicht immer die Geduld oder Unterstützung erfahren haben, die sie verdient hätten. Dabei ist Deutsch vor allem eines: ein Werkzeug, um anzukommen, zu kommunizieren und sich zu verbinden. Und es muss kein „Goethe-Deutsch" oder „Oberstudienrats-Deutsch mit perfekt gepflegtem Vorgarten" sein. Einfaches Deutsch reicht völlig aus – die Hauptsache ist doch, dass wir uns verstehen.

Hier liegt auch eine Bitte: Helft den Menschen, die noch lernen. Unterstützt sie, statt sie herablassend zu behandeln. Leider haben wir selbst oft erlebt, wie ungeduldig oder spöttisch manche reagieren, wenn jemand nicht perfekt Deutsch spricht. Und hier wird es besonders paradox: Oft sind es genau jene, die sich darüber lustig machen, die selbst keine zweite Sprache sprechen – während die Betroffenen mindestens zwei, wenn nicht mehr Sprachen beherrschen. Das allein sollte uns zum Nachdenken bringen.

Sprache ist ein Mittel der Verbindung, nicht der Abgrenzung. Die deutsche Sprache muss keine schwere Sprache sein – sie muss vor allem verständlich sein. Und wenn wir uns die Mühe geben, einander zu verstehen, werden wir viel mehr voneinander lernen können.

Bildung

Bildungslücken und mangelndes Verständnis gegenüber anderen Lebenswelten sind uns in Deutschland immer wieder begegnet – und oft wird einem das erst in konkreten Situationen wirklich bewusst. Besonders deutlich wurde es nach dem Tsunami im Indischen Ozean im Jahr 2004. Damals wurden wir häufig gefragt, ob bei uns alles in Ordnung sei. Immer wieder mussten wir erklären, dass die Philippinen im Pazifik und nicht im Indischen Ozean liegen.

Natürlich war das Interesse nett gemeint, und es ist völlig in Ordnung, wenn man bestimmte geografische Details nicht kennt. Solche Fragen zeigten echtes Mitgefühl – und das haben wir geschätzt. Dennoch wurde uns dabei auch klar, wie wichtig ein besserer Erdkundeunterricht wäre. Man sollte die Welt kennen, bevor man versucht, sie zu verstehen.

Eine andere Erinnerung war weniger harmlos – sie hinterließ bei uns ein Gefühl der Sprachlosigkeit. Nach dem verheerenden Taifun Haiyan im Jahr 2013 hörten wir beiläufig eine Bemerkung, die uns beide tief erschütterte: „Warum leben die Leute überhaupt dort? Warum ziehen sie nicht einfach in eine sichere Gegend?" Und dann: „Da sind sie doch selbst schuld, wenn sie da wohnen." Diese Sätze offenbarten nicht nur Unwissen, sondern eine erschreckende Ignoranz. Es fehlte an jeglichem Einfühlungsvermögen und Verständnis für das Leben außerhalb der eigenen Komfortzone – ein Mangel an Empathie und an Wissen darüber, wie die Welt jenseits des eigenen Gartenzauns funktioniert.

Wir stellten fest, dass viele Menschen in Deutschland

tatsächlich in einer „Blase" leben. Sie bewegen sich bevorzugt in geschlossenen Kreisen, bleiben unter ihresgleichen und reisen – wenn überhaupt – nur im Rahmen von Cluburlauben oder Kreuzfahrten. In diesen geschützten Urlaubswelten sprechen sie weiterhin Deutsch, beschäftigen sich mit dem, was ihnen vertraut ist, und vermeiden es, einen echten Blick auf die Welt da draußen zu werfen.

Doch genau das führt zu einem verzerrten Bild der Realität. Für viele ist es unvorstellbar, dass es Gegenden auf der Welt gibt, in denen man nicht einfach umziehen kann – weil es keine Alternativen gibt oder die Armut jede Option unmöglich macht.

Die Menschen auf den Philippinen leben seit jeher mit der Natur – mit Stürmen, mit Regenzeiten, mit Erdbeben. Diese Gefahren gehören dort zum Alltag. Und während sie damit leben müssen, tragen sie gleichzeitig die Hauptlast der Klimakrise – einer Krise, zu der sie selbst kaum beigetragen haben. Während Industrienationen wie Deutschland vergleichsweise glimpflich davonkommen und weiterhin Kohlekraftwerke betreiben oder große Autos fahren, kämpfen Länder wie die Philippinen mit Überschwemmungen, Taifunen und steigendem Meeresspiegel – mit Folgen, die Existenzen kosten.

Es braucht dringend mehr Aufklärung und weniger Ignoranz. Mehr Verständnis dafür, dass nicht jeder Mensch auf der Welt die Freiheit hat, sich einfach eine „sichere Gegend" zu suchen. Die Welt ist komplexer – und oft auch härter – als man es aus dem geschützten Wohnzimmer heraus erahnen kann.

Ungleiches Paar

„Alter deutscher Papa, junge philippinische Mama" – ein gängiges Klischee, das uns persönlich begegnet ist. Unsere Mama ist 18 Jahre jünger als unser Papa. Hinter vorgehaltener Hand wurde getuschelt, und natürlich bekamen wir das auch mit: „Was will die junge Frau denn mit dem alten Mann?" oder ähnliche Bemerkungen. Wir sind ja nicht taub. Doch bei aller Lästerei und all den Vorurteilen ist die wahre Geschichte, die dahintersteht, oft viel tiefgründiger – und sie gehört zu den Wurzeln vieler unserer deutsch-philippinischen Freunde.

In den 80er- und 90er-Jahren gab es tatsächlich Vermittler, die alleinstehende deutsche Männer mit philippinischen Frauen zusammenbrachten. Heute funktioniert das eher online. Damals lief es über Briefe, lange Telefongespräche und viel Mut auf beiden Seiten. Wenn es passte, wurde die Frau schließlich nach Deutschland eingeladen – und oft begann dieses neue Leben am Frankfurter Flughafen. Er suchte eine Partnerin, sie suchte einen Partner – und natürlich auch ein besseres Leben. Es war eine Mischung aus Hoffnung und Pragmatismus, die für viele Menschen dieser Zeit ein neuer Anfang war.

Diese Verbindungen mögen in ihren Anfängen nicht den romantischen Vorstellungen entsprechen, die wir aus Filmen kennen. Aber wenn wir an die vielen deutsch-philippinischen Familien denken, die wir kennen, denken wir auch an das Herzliche, das Verbindende. Gemeinsam haben diese Paare ein Leben aufgebaut und eine Familie gegründet. Die Feiern, die wir in großen Runden zusammen erlebt haben, waren erfüllt von Herzlichkeit und starkem

Zusammenhalt. Manchmal beginnt Liebe eben nicht mit großen Gefühlen, sondern wächst über die Jahre – durch die Entscheidungen, die man gemeinsam trifft, durch die Herausforderungen, die man zusammen meistert und durch das tägliche Miteinander.

Ein Gedanke kommt immer wieder auf, wenn wir auf die Klischees blicken: Die Scheidungsrate in Deutschland lag 2023 bei 35,75 Prozent. Und diese wird sicher nicht durch deutsch-philippinische Familien in die Höhe getrieben. Es mag zwar leicht sein, von außen zu urteilen: „Wo soll sie denn hin? Sie haben ja kein Geld, blabla." Aber eines sollte man nicht vergessen: Glückliche Familien erkennt man. Wahre Liebe erkennt man. Immer.

Viele der Väter unserer deutsch-philippinischen Freunde sind bereits verstorben, und mit jedem Verlust bleibt eine Lücke zurück, die alle fühlen. Da ist nicht nur ein Platz leer – es fehlen Geschichten, Lachen, die leise, beständige Liebe, die diese Familien verbunden hat.

Und in solchen Momenten verstehen wir, dass diese Beziehungen weit mehr waren als Klischees und Vorurteile. Sie waren echte Verbindungen, die über Jahrzehnte hielten, Familien schufen – und eine Art Liebe wachsen ließen, die auch den Schmerz des Verlustes in sich trägt.

Kapitel 15: Philippinen verstehen

Die Philippinen – ein Archipel aus über 7.000 Inseln mit rund 115 Millionen Einwohnern und einer vielfältigen, multikulturellen Geschichte. Wer dieses Land wirklich verstehen will, muss tiefer blicken als auf traumhafte Strände oder lebendige Märkte. Es gilt, eine Gesellschaft kennenzulernen, die stark geprägt ist vom religiösen Glauben, kolonialen Einflüssen und einem ausgeprägten Gemeinschaftsgefühl, das vor allem in Familie und Nachbarschaft verankert ist.

In diesem Kapitel werfen wir einen genaueren Blick auf das Leben der Menschen auf den Philippinen. Was treibt sie an? Warum arbeiten so viele im Ausland? Millionen Filipinos verdienen ihren Lebensunterhalt fernab der Heimat als sogenannte „Overseas Filipino Workers" – sie sind nicht nur ein bedeutender wirtschaftlicher Motor, sondern auch Ausdruck eines tiefen familiären Verantwortungsgefühls, das oft mit großen persönlichen Opfern einhergeht.

Unser Ziel ist es, die Philippinen in ihrer ganzen Komplexität zu zeigen – von politischen und wirtschaftlichen Entwicklungen bis hin zu den alltäglichen Geschichten, Traditionen und Werten der Menschen. Die Philippinen zu verstehen heißt, ein Land zu entdecken, das sich zwischen Tradition und Moderne bewegt – und in dem Familie, Zusammenhalt und kulturelle Identität von zentraler Bedeutung sind.

Geschichte

Die Geschichte der Philippinen ist ebenso von Krieg und kolonialer Vergangenheit geprägt wie die deutsche – zwei Länder, geografisch weit voneinander entfernt, und doch durch die Ereignisse des 20. Jahrhunderts auf besondere Weise verbunden. Unsere philippinischen Großeltern haben, genau wie unsere deutschen, den Zweiten Weltkrieg miterlebt. Während Europa unter den Folgen des Nationalsozialismus und des Krieges litt, erlebten die Philippinen die japanische Besatzung – eine Zeit, die tief ins kollektive Gedächtnis eingebrannt ist. Der Weltkrieg machte vor keinem Kontinent halt: Zerstörung, Angst und Leid waren auch auf den Inseln bittere Realität. Dass beide Länder in jener Zeit in das Kriegsgeschehen verstrickt waren, verdeutlicht, wie umfassend dieser globale Konflikt tatsächlich war.

Doch die philippinische Geschichte reicht weit über diese düstere Epoche hinaus. Bereits vor mehr als tausend Jahren waren die Inseln ein lebendiger Treffpunkt für Seefahrer, Händler und Kulturen aus aller Welt. Arabische, chinesische, indische und später malaiische Schiffe brachten nicht nur Waren, sondern auch Ideen, Sprachen und Einflüsse, die bis heute nachwirken. Lange vor der Kolonialisierung durch europäische Mächte war der Archipel Teil eines weit verzweigten maritimen Netzwerks.

Ab dem 16. Jahrhundert bestimmten die Spanier über 300 Jahre lang die Geschicke des Landes – ein koloniales Erbe, das in vielen Bereichen bis heute spürbar ist. Die katholische Kirche nimmt nach wie vor eine zentrale Rolle im öffentlichen und privaten Leben ein, mit Festen,

Bräuchen und Ritualen, die stark von der spanischen Tradition geprägt sind. Auch sprachlich lassen sich vor allem in den Visayas zahlreiche spanische Einflüsse erkennen.

Nach dem Ende der spanischen Herrschaft übernahmen die Vereinigten Staaten die Kontrolle über die Philippinen. Die Einführung des amerikanischen Bildungssystems, die Verbreitung der englischen Sprache und ein westlich geprägter Lebensstil formten eine neue gesellschaftliche Realität – viele dieser Einflüsse prägen den Alltag bis heute.

Diese bewegte Vergangenheit hat die Identität der Philippinen zu einem vielschichtigen Geflecht gemacht – geprägt von alten Kulturen, kolonialer Fremdherrschaft und dem Kampf um Unabhängigkeit. Wie in Deutschland wirken auch auf den Philippinen die Erfahrungen von Krieg und Fremdbestimmung bis in die Gegenwart hinein. Die Geschichten unserer Großeltern – ob aus Europa oder Asien – erinnern uns daran, wie tief Geschichte in unser heutiges Leben hineinwirkt und wie wichtig es ist, sie zu kennen und weiterzuerzählen.

Klimawandel

Der Taifun Haiyan – auf den Philippinen auch *Yolanda* genannt – hat sich tief in unser Gedächtnis eingebrannt. Es war im November 2013, als einer der stärksten je gemessenen tropischen Wirbelstürme auf Land traf. Mehr als 10.000 Menschen kamen bei dieser Katastrophe ums Leben – eine Zahl, die kaum zu begreifen ist. Haiyan sollte ausgerechnet die Region treffen, in der unsere Familie und viele Freunde leben. Unser kleines Dorf San Roque lag plötzlich mitten auf dem vorhergesagten Weg des Sturms. Die Tage davor waren voller Sorge und Unsicherheit. Wir konnten nur hilflos aus der Ferne zusehen und hoffen.

Zu dieser Zeit war ich für ein halbes Jahr in Zürich und absolvierte dort ein Praktikum. An einem Wochenende war ich gerade auf dem Heimweg zurück nach Deutschland, als ich die ersten Berichte über den Taifun verfolgte. Ich versuchte ständig, neue Informationen zu bekommen und Kontakt zu meiner Familie aufzunehmen – doch es kam nichts durch. Tagelang herrschte Funkstille. Diese Ungewissheit war kaum auszuhalten. Als schließlich die erste Nachricht eintraf, waren wir unendlich erleichtert: Unsere Familie war in Sicherheit. Doch die Spuren des Sturms waren überall zu sehen – nicht nur an den zerstörten Häusern, sondern auch im Innersten der Menschen.

Als Haiyan schließlich mit voller Kraft auf die Philippinen traf, schien es lange, als würde unser Dorf direkt betroffen sein. Doch in letzter Minute änderte der Sturm seine Richtung und traf mit voller Wucht die Stadt Tacloban. Diese wurde fast vollständig zerstört. Es hätte uns treffen können – unser Zuhause, unsere Familie.

Stattdessen traf es andere. Die Zerstörung war kaum in Worte zu fassen.

Die Bilder nach dem Sturm waren schockierend. In Tacloban lagen Häuser in Trümmern, viele Menschen waren obdachlos, ganze Stadtteile ausgelöscht. Die Natur hatte das Leben von Tausenden in wenigen Stunden verändert. Auch unser Dorf wurde nicht verschont. Viele Häuser waren beschädigt, der Strom fiel wochenlang aus, und der Alltag kam völlig zum Erliegen.

In den Jahren danach hörten wir von den Hilfsaktionen der Kinderhilfe Philippinen e.V., die Schulen im Norden von Leyte wieder aufbauten. Sie gaben Kindern, die durch den Taifun alles verloren hatten, neue Hoffnung und Zukunft. Die Organisation zeigt, wie wirksam internationale Hilfe sein kann, wenn sie gezielt eingesetzt wird. Mehr dazu in Kapitel 24.

Haiyan war nicht nur ein schrecklicher Sturm – er ist auch ein Symbol dafür, wie stark die Folgen des Klimawandels bereits spürbar sind. Die Philippinen gehören zu den Ländern, die am stärksten unter extremem Wetter leiden. Jeder neue Taifun macht deutlich, wie verletzlich solche Inselstaaten sind – und wie dringend es ist, weltweit gemeinsam gegen den Klimawandel zu handeln. Doch trotz aller Zerstörung zeigen die Menschen auf den Philippinen immer wieder Mut, Zusammenhalt und den Willen, wieder aufzubauen – selbst nach den schlimmsten Katastrophen.

Ein Anblick, der leider immer häufiger wird. Der Klimawandel trifft die Philippinen besonders stark.

Facebook

Ende der 2000er-Jahre stellten wir fest, dass auf den Philippinen gefühlt jeder auf Facebook war. Es war ein echter *Game Changer*, der die Art und Weise, wie wir mit unserer Familie in Kontakt blieben, komplett veränderte. Auf einmal konnten wir uns mit all unseren Verwandten vernetzen – selbst, wenn wir jahrelang nicht auf den Philippinen gewesen waren. Über Facebook sahen wir Familienbilder, die zeigten, wie Cousinen größer wurden, Kinder, die wir noch aus dem Kindergarten kannten, plötzlich selbst auf Facebook auftauchten. Für die Filipino-Community wurde Facebook schnell zur digitalen Heimat.

Doch neben der Freude über diese neue Verbindung zur Familie zeigte sich bald auch die Kehrseite der Medaille. Die Philippinen nutzen Facebook exzessiv – fast jeder Beitrag, jedes Event wird geteilt, kommentiert und geliked. Mobiles Internet ist bei vielen Verträgen nur für Facebook kostenlos. Das war in den Anfangsjahren praktisch, doch genau dieses exklusive Angebot hat Folgen: Die Plattform wird für viele zur einzigen Informationsquelle. Fake News und politische Propaganda finden hier ein fruchtbares Umfeld, und diese gezielten Kampagnen treffen auf eine Bevölkerung, die oft besonders empfänglich dafür ist. Das wurde besonders deutlich bei den letzten Präsidentschaftswahlen, bei denen Facebook eine entscheidende Rolle spielte.

Diese Problematik wird durch das politische System der Philippinen weiter verstärkt. Korruption ist nach wie vor ein großes Problem; es ist kein Geheimnis, dass Stimmen teilweise gekauft werden und sich politische Macht oft nicht an den Interessen der Bevölkerung orientiert. Viele

Wähler werden mit kleinen Geschenken oder Geldbeträgen beeinflusst – eine Praxis, die alle kennen und die selten im Verborgenen bleibt.

Trotz all der Probleme bleibt Facebook die zentrale Plattform, die für viele gleichbedeutend mit „Internet" ist. Der Newsfeed ist für viele Filipinos das Fenster zur Welt – und zur Familie. Zwischen all den Familienbildern aus Kanada und Australien, den Videos von der letzten Fiesta und den Geburtstagsgrüßen finden sich auch politische Beiträge, die von einem Lager oder dem anderen geteilt werden. Für viele ist Facebook nicht nur ein soziales Netzwerk, sondern ihre Hauptinformationsquelle.

Rückblickend bleibt eine Erkenntnis: Diese Abhängigkeit ist ein echtes Problem. Die Verbindung zur Familie und das Teilen von Erinnerungen ist wertvoll – doch wenn Facebook das einzige Fenster zur Welt wird, geht der kritische Blick verloren. Und damit gewinnt die Manipulation an Einfluss.

Bildung

Es war einer dieser seltsamen Momente, die uns noch lange im Gedächtnis bleiben sollten. Wir waren mit unserem Papa unterwegs, als ein entfernter Bekannter auf uns zukam und uns mit einem Gruß begrüßte, der in Deutschland aus gutem Grund verboten ist. Es war nicht böse gemeint – das war uns sofort klar. Doch während unser Papa sich höflich aus der Situation herausmanövrierte, waren wir Kinder sprachlos und verwirrt. Die Worte standen für etwas, das in Deutschland als Tabu gilt, etwas, das auf den Philippinen offensichtlich nicht richtig verstanden wurde.

Es gab dort eine gewisse Faszination für Deutschland – doch sie war oft von Missverständnissen und mangelndem Wissen geprägt.

Diese Episode brachte uns zum Nachdenken über die Bildungslücken, die es auf den Philippinen gibt. Auch später, als uns jemand fragte, wann wir wieder nach „Westdeutschland" zurückfliegen würden, wurde uns klar, wie veraltet und verzerrt das Wissen über Deutschland mitunter war.

Auf den Philippinen gibt es zwar kostenlose Bildung, und viele Kinder haben die Chance, eine solide Ausbildung zu erhalten. Aber es gibt auch viele, die die Schule früh verlassen, um zu arbeiten und zum Lebensunterhalt ihrer Familien beizutragen – besonders in ländlichen Gebieten ist das leider häufig der Fall. Diese früh unterbrochene Schulbildung führt oft dazu, dass grundlegendes Wissen über Geschichte und Weltgeschehen auf der Strecke bleibt.

In der heutigen Zeit, in der soziale Medien eine zentrale Rolle spielen, wird dieses Problem noch verstärkt.

Falschinformationen und vereinfachte Darstellungen verbreiten sich schnell – und ohne eine fundierte Bildung ist es schwer, zwischen Realität und Verzerrung zu unterscheiden.

Auf der anderen Seite gibt es auch auf den Philippinen viele private Schulen und internationale Bildungseinrichtungen, die eine exzellente Ausbildung bieten. Doch diese sind teuer und bleiben meist nur einer kleinen, privilegierten Schicht zugänglich – was die Kluft zwischen gut Informierten und jenen, die auf Halbwissen angewiesen sind, weiter vergrößert.

Politik

Die Politik auf den Philippinen ist uns immer wieder begegnet, und oft haben wir die Besonderheiten des politischen Systems dort hinterfragt. Das Land ist ein Präsidialsystem, in dem eine kleine, mächtige Elite oft das Sagen hat – vielleicht lässt sich das System so am treffendsten beschreiben. Doch die Zivilgesellschaft hat bewiesen, dass sie nicht machtlos ist. Ein historisches Beispiel ist der Sturz von Ferdinand Marcos, der das Land jahrelang praktisch als Diktator regierte. Als Marcos 1986 zur Flucht gezwungen wurde, hinterließ er eine Spur von Machtmissbrauch und Korruption – und buchstäblich Tausende von Schuhen, die seiner Frau Imelda gehörten. Für viele Filipinos wurde dieser Moment zum Symbol eines Befreiungsschlags gegen eine Unterdrückung, die sich über Jahre durch fehlende Pressefreiheit und die Verfolgung von Regimegegnern gezogen hatte.

Nach Marcos folgte eine Zeit des Wandels, in der verschiedene Präsidenten das Land führten. Doch die Demokratie auf den Philippinen ist fragil und verwundbar. Nach Jahren des Fortschritts übernahm schließlich Rodrigo Duterte die Präsidentschaft – ein radikaler Politiker, dessen „harte Hand" und umstrittene Methoden das Land tief polarisierten. Dutertes Einfluss und sein Spiel mit den Mechanismen der sozialen Medien führten letztlich dazu, dass sogar die Familie Marcos an die Macht zurückkehren konnte.

Im Jahr 2025 ist Ferdinand „Bongbong" Marcos Jr. Präsident – der Sohn des einstigen Diktators. Mit seiner Rückkehr an die Spitze des Staates geht auch eine gefährliche Tendenz einher: Die Vergangenheit soll umgeschrieben werden. Immer häufiger berichten Lehrer und Schüler davon, dass die Zeit der Diktatur in den Geschichtsbüchern verharmlost oder ganz ausgelassen wird. Viele junge Menschen hören heute eine neue Version der Geschichte – eine, in der die Verbrechen, das Leid und die Stimmen der Opfer kaum noch Platz finden. Es ist ein schleichender Versuch, ein Kapitel der philippinischen Geschichte aus dem kollektiven Gedächtnis zu tilgen.

Wir wissen, dass dieses Thema viele Filipinos spaltet. Es ist kein angenehmes Thema – aber ein notwendiges. Denn die Demokratie ist die beste Alternative, die wir haben – und sie gilt es zu schützen. Der Mythos vom „starken Mann" mag für viele verlockend erscheinen, doch er lebt oft von falschen Versprechen und großen Illusionen.

Journalismus

Journalismus auf den Philippinen ist ein täglicher Balanceakt zwischen Wahrheit und Gefahr. Die Arbeit vieler Journalistinnen und Journalisten im Land wird immer wieder durch Machtinteressen erschwert, und die Herausforderungen, denen sie sich stellen müssen, sind gewaltig. Ein herausragendes Beispiel für investigativen Journalismus ist das Online-Magazin *Rappler* – eine Plattform, die trotz aller Widerstände konsequent an der Wahrheit festhält. Für ihren mutigen Einsatz wurde Maria Ressa und *Rappler* 2021 mit dem Friedensnobelpreis ausgezeichnet. Doch diese Auszeichnung ging nicht nur an das Magazin selbst, sondern wurde auch zum Symbol für die vielen Journalistinnen und Journalisten, die auf den Philippinen oft unter gefährlichsten Bedingungen arbeiten, um Korruption und Machtmissbrauch ans Licht zu bringen.

Laut Reporter ohne Grenzen gibt es auf den Philippinen rund 600 Radiostationen und 500 Zeitungen – eine Zahl, die auf eine enorme Medienvielfalt schließen lässt. Doch die meisten dieser Privatmedien sind im Besitz einflussreicher Familien und Unternehmer, die vor allem ihre eigenen Interessen vertreten. Während die Boulevardpresse mit reißerischen Schlagzeilen oft für große Aufmerksamkeit sorgt, müssen kritische Journalistinnen und Journalisten schwerwiegende Konsequenzen fürchten.

Die Pressefreiheit auf den Philippinen ist stark gefährdet, was sich auch im weltweiten Vergleich widerspiegelt: Im Pressefreiheitsindex von 2024 rangieren die Philippinen auf Platz 134 von 180 – eine ernüchternde Position, die zeigt, wie schwierig und gefährlich der Kampf für die

Wahrheit dort ist. Die große Vielfalt an Medien verschleiert also oft, dass die Pressefreiheit auf den Philippinen ein fragiles Gut ist. In einer Welt voller Machtinteressen und gezielter Fehlinformationen kämpfen Journalistinnen und Journalisten jeden Tag für eine unabhängige Berichterstattung. Ihre Arbeit ist nicht nur essenziell für die Demokratie, sondern auch eine lebenswichtige Quelle der Wahrheit für die philippinische Gesellschaft – und sie zeigt, wie mutig und entschlossen der Einsatz für die Freiheit sein kann.

Kirche

Die römisch-katholische Kirche hat auf den Philippinen einen hohen Stellenwert. Das Land zählt zu den größten christlichen Nationen der Welt – etwas, das mittlerweile auch in Rom Beachtung findet. Als wir selbst einmal in Rom waren, begegneten wir nicht selten philippinischen Geistlichen, die uns freundlich grüßten. Der tief verwurzelte Glaube der Filipinos zeigte sich besonders eindrucksvoll, als 2015 der Papst in Manila vor über sechs Millionen Menschen eine Messe abhielt. Die Kirche ist für viele ein fester Anker – eine Quelle der Hoffnung und des Trostes, gerade in Zeiten, die oft von Armut und anderen Herausforderungen geprägt sind.

Dennoch gibt es auch Widersprüche. In einer zunehmend aufgeklärten Welt stellt sich die Frage, wie konservative Regeln wie das Zölibat noch in das moderne Leben passen. Einmal erlebten wir, wie ein Priester sein Amt aufgeben musste, nachdem er sich verliebt hatte. Für ihn war es ein schmerzlicher Abschied, denn er lebte seine Berufung mit großer Leidenschaft. Doch die römisch-katholische Kirche ließ hier keine Ausnahme zu, und so verlor die Gemeinde einen beliebten Geistlichen, der viele Menschen inspiriert hatte.

Dieses Spannungsverhältnis nutzen zunehmend auch freie Kirchen und Sekten, die den eher strengen Stil der katholischen Kirche aufbrechen und viele Menschen mit offeneren Ansätzen ansprechen. In den letzten Jahren haben sich mehr und mehr solcher Gemeinschaften gegründet, die eine Alternative für jene bieten, die mit den traditionellen Regeln nicht viel anfangen können.

Ein weiteres wichtiges Detail der philippinischen

Glaubenslandschaft ist ihre Vielfalt. Neben dem Katholizismus existieren alte Naturreligionen, und im Süden der Philippinen lebt eine große muslimische Minderheit. Nicht selten führten ethnische und religiöse Spannungen hier zu Konflikten, die das Land in den letzten Jahrzehnten immer wieder erschüttert haben. Erinnerungen an Entführungen und Anschläge – wie die Entführung einer deutschen Familie im Jahr 2000 – blieben auch uns im Gedächtnis.

Die Kirche bleibt dennoch für viele Menschen ein wichtiger Halt – eine Konstante, die in guten wie in schweren Zeiten den Zusammenhalt stärkt und der philippinischen Kultur ihre Tiefe und Beständigkeit verleiht.

Overseas Filipino Workers

Über zwei Millionen Filipinos leben und arbeiten offiziell als sogenannte „Overseas Filipino Workers" (OFWs) im Ausland – rechnet man jedoch die vielen Familien hinzu, die dauerhaft ausgewandert sind und in Europa, Australien, den USA oder Kanada ein neues Leben aufgebaut haben, umfasst die philippinische Diaspora weltweit über zehn Millionen Menschen. Viele dieser Familien unterstützen weiterhin ihre Verwandten auf den Philippinen – finanziell, emotional und durch enge familiäre Verbindungen, die über Kontinente hinweg gepflegt werden.

Die Geschichten der im Ausland lebenden Filipinos sind geprägt von Stolz, Hoffnung – aber auch von großen Opfern. Die OFWs arbeiten in den unterschiedlichsten Branchen: als Pflegekräfte, auf Kreuzfahrtschiffen, in Hotels, Restaurants oder privaten Haushalten. Ihre Arbeit und vor allem die Rücküberweisungen sind ein zentraler wirtschaftlicher Pfeiler für die Philippinen. Für unzählige Familien ist dieses Einkommen lebensnotwendig – es sichert den Alltag, ermöglicht Bildung und gibt vielen Kindern die Chance auf ein besseres Leben.

Ein Grund für die internationale Nachfrage nach philippinischen Arbeitskräften sind die sehr guten Englischkenntnisse. Englisch ist auf den Philippinen Amtssprache, was den Zugang zu globalen Arbeitsmärkten enorm erleichtert. Doch der Preis für diesen Weg ist hoch.

Für viele bedeutet das Leben und Arbeiten im Ausland eine jahrelange, oft schmerzhafte Trennung von der eigenen Familie. Kinder wachsen ohne Mutter oder Vater auf, Beziehungen werden auf Distanz geführt, und das Zuhause bleibt auf Fotos, in Videoanrufen und Erinnerungen reduziert. Feiertage, Geburtstage oder wichtige Etappen wie der erste Schultag werden aus der Ferne miterlebt – und selbst die stabilste Internetverbindung kann das Gefühl von Nähe nicht ersetzen.

Diese Trennungen hinterlassen Spuren. Beziehungen leiden unter der Distanz, Missverständnisse entstehen, Vertrauen wird auf die Probe gestellt. Nicht selten zerbrechen Ehen und Familien daran. Manche OFWs kehren nach Jahren zurück und merken, dass die Verbindung zur eigenen Familie nicht mehr so ist wie früher – entfremdet durch die lange Zeit der physischen Abwesenheit.

Trotz all dieser Herausforderungen bleibt für viele der Gedanke zentral, ihrer Familie eine bessere Zukunft zu ermöglichen. Die Hoffnung, dass sich das Opfer lohnt, trägt sie durch die Jahre. Der Stolz, Verantwortung zu übernehmen, und die seltenen, aber kostbaren Wiedersehen mit den Liebsten sind Trost und Motivation zugleich. Doch das Leben fern der Heimat ist und bleibt eine schwere Last – eine, die Millionen Filipinos tagtäglich mit sich tragen.

Noberto

Es ist ein Bild, das uns nie losgelassen hat: ein Beitrag in der TV-Sendung „Weltspiegel" über Noberto, einen Mann aus den Slums von Manila. Wir sahen, wie er für seine Familie aus Essensresten großer Restaurantketten etwas zum Kochen zusammensammelte. Noberto durchsuchte täglich die Müllberge, um Reste zu finden, die er in einfache Gerichte verwandelte und anschließend verkaufte – ein Symbol des Überlebens in tiefster Armut. Sein Alltag war ein Kampf, der uns zutiefst bewegte.

Leider lässt sich dieser Beitrag heute nicht mehr online finden, auch in der ARD-Mediathek taucht er nicht mehr auf. Ein Archiv, das solche Berichte bewahrt, wäre wünschenswert – um Geschichten wie die von Noberto nicht in Vergessenheit geraten zu lassen. Solche Dokumentationen zeigen eine Seite der Welt, die selten im Fokus steht – eine Realität, die hart und ungerecht ist und Millionen Menschen betrifft.

Der Beitrag über Noberto hat uns eindrücklich vor Augen geführt, wie schwer das Leben auf den Philippinen sein kann – besonders für den großen Teil der Bevölkerung, der täglich ums Überleben kämpft. Ohne Geld bist du oft nichts – eine bittere Wahrheit, die auf den Philippinen genauso gilt wie in vielen anderen Teilen der Welt.

Doch trotz dieser Härte bewahrt sich Noberto seine Menschlichkeit. Ein kleines Lächeln, ein freundliches Wort – selbst inmitten der widrigsten Umstände finden Menschen wie er eine Art von Würde, die uns immer wieder beeindruckt und daran erinnert, wie wichtig Mitgefühl und Respekt sind, egal wo auf der Welt wir uns befinden.

Bargeld

Als wir auf den Philippinen landeten, schien zunächst alles wie immer. Doch schon kurz nach der Ankunft bemerkten wir, dass zwei unserer Koffer fehlten. Also begaben wir uns direkt zum Schalter am Flughafen, um nachzufragen. Die Antwort war knapp: „Wir wissen nicht, wo die Koffer sind." Es wirkte, als hätte man wenig Interesse daran, das Problem zu lösen.

Dann gab meine Mama mir ein Zeichen, und ich wusste sofort, was sie meinte. Mit ein wenig Bargeld geht es schneller. Diskret überreichten wir dem Mitarbeiter 10 Euro. Plötzlich änderte sich der Tonfall, und wir bekamen das Versprechen: „Morgen sind die Koffer da." Und tatsächlich – am nächsten Tag wurden sie uns geliefert.

Diese Geschichte steht für viele Erfahrungen, die uns auf den Philippinen prägten. Ein weiteres Beispiel: Eine Schule wurde gebaut, doch anstelle der geplanten Menge an Eisenträgern verbaute man weniger Material. Die Folgen zeigten sich bei einem späteren Taifun: Das Gebäude hielt den Kräften nicht stand. Oder Straßenbauprojekte, bei denen die Betondecke rund 30 % dünner war als ursprünglich vereinbart. Solche Straßen halten natürlich nicht lange, doch niemanden scheint das zu stören – zumindest nicht diejenigen, die davon profitieren.

Ein weiteres Beispiel: die Tickets für Fähren in der Weihnachtszeit. Obwohl die Terminals offiziell Tickets verkaufen, sind diese mysteriöserweise oft schon eine Woche vor Weihnachten „ausverkauft". Der einzige Weg, ein Ticket zu bekommen, ist dann ein „illegaler Händler" – gegen einen erheblichen Aufpreis, versteht sich.

Dieses Phänomen ist jedoch keineswegs einzigartig für

die Philippinen. Ein Freund aus Südosteuropa erzählte uns eine ähnliche Geschichte: Ein Polizist verlangte, den Pass noch einmal „genauer" zu kontrollieren. Ein unauffälliger Blick in den Pass, in dem 50 Euro steckten, und plötzlich war die Kontrolle blitzschnell erledigt.

Solche Fälle sind glücklicherweise seltener geworden, doch sie hinterlassen Spuren. In einem Land, in dem die Kluft zwischen Arm und Reich immens ist, funktioniert vieles nicht über klare Regeln und Vertrauen, sondern über Bargeld. Es gibt immer wieder Situationen, in denen man das „Beschleunigungsmittel" Bargeld einsetzen muss, um etwas zu erreichen.

Kapitel 16: Auswanderer-Guide

Die Frage, ob wir mal auswandern würden, stand für uns beide eigentlich nie ernsthaft zur Debatte. Deutschland ist und bleibt unsere Heimat. Doch das Thema Auswandern ist faszinierend – besonders, wenn man die vielen Reality-TV-Formate sieht. Für alle, die ernsthaft über ein Leben auf den Philippinen nachdenken, gibt es einige wichtige Punkte, die man beachten sollte. Also, hier ein kleiner Guide:

1. Philippinische Kontakte

Eins ist klar: Ohne familiäre oder wirklich enge freundschaftliche Bindungen ist es schwierig, sich auf den Philippinen dauerhaft niederzulassen. Ein gutes Beispiel ist der Grundstückskauf – der ist auf den Philippinen streng reguliert und in der Regel nur philippinischen Staatsbürger*innen vorbehalten. Ohne familiäre Unterstützung oder einen Einheimischen, dem man vertraut, besonders beim Aufbau von Kontakten und Netzwerken, kann es kompliziert werden.

2. Vertrauen, aber nicht blind

Es klingt vielleicht wie eine Geschichte aus einer Auswandererserie: Ein deutscher Auswanderer wird von seiner philippinischen Partnerin verlassen und sieht sich plötzlich mit fünf Kindern und leeren Konten konfrontiert. Geschichten wie diese sind keine Seltenheit. Man braucht auf den Philippinen Vertrauen, aber auch ein gesundes Maß an Vorsicht. Ein kleines Beispiel: Wenn jemand sagt, „Ich bin morgen mit der Mauer fertig, aber brauche einen Vorschuss", bedeutet das meist: „Ich brauche das Geld heute, aber die Mauer wird vielleicht erst übermorgen fertig." Das mag abschreckend wirken, doch das Leben auf den Philippinen läuft einfach anders. Zeit ist hier nicht der strikte Maßstab wie in Deutschland. Viele Auswanderer fühlen sich hier genau deshalb wohl – weil sie dem „Stechuhr-Druck" und der strengen Zeitkultur entkommen wollen.

3. Sprache lernen

Auch wenn man mit Englisch auf den Philippinen gut zurechtkommt – wirklich ankommen wird man erst, wenn man die Landessprache spricht. Ein bisschen Tagalog oder Visayan zu lernen, öffnet Türen und zeigt, dass man das Land und die Menschen ernst nimmt. Man erfährt viel mehr über die Kultur und kann sich intensiver integrieren.

4. Eine Aufgabe im Leben

Ein Punkt, der oft unterschätzt wird, ist die eigene Motivation. Es gibt viele Auswanderer, die im „Paradies unter Palmen" zu Alkoholikern werden. Warum? Weil sie keine Aufgabe haben. Egal wie schön das Wetter ist, wie entspannt das Leben auch sein mag – der Mensch braucht eine Aufgabe, die ihm Sinn gibt. Eine kleine Pension eröffnen, eine Tauchschule betreiben – das sind beliebte Ideen. Aber auch dafür braucht es bedingungslosen Einsatz, Kapital und viel Geduld. Das Leben auf den

Philippinen funktioniert anders, und wer dorthin zieht, muss die kulturellen Unterschiede respektieren.

5. Geld

Wer auf die Philippinen auswandern möchte, sollte nicht nur mit 1.000 € auf dem Konto anreisen. Die Realität ist, dass man ein solides finanzielles Polster braucht. Ein mittlerer fünfstelliger Betrag ist keine Übertreibung, um gut starten und Rücklagen für Notfälle haben zu können. Krankenhäuser und Ärzte, die hochwertige Behandlungen anbieten, kosten Geld. Und auch die Lebenshaltungskosten sind in den letzten Jahren stark gestiegen. Für Auswanderer gilt: Ohne Geld geht hier nichts.

Wenn ihr das alles berücksichtigt, stehen die Chancen gut, dass das Leben auf den Philippinen funktioniert – und dass das „Paradies" auch langfristig eines bleibt.

TEIL 3: FAMILIE (2014 - 2024)

San Diego

Im Jahr 2014 verbrachte ich vier Wochen in San Diego, um den deutschen Teil meiner Familie zu besuchen, der vor einigen Jahren in die USA ausgewandert war. San Diego ist eine wunderschöne Stadt am Pazifik, direkt an der Grenze zu Mexiko. Ich hatte das Glück, bei meiner Tante und ihrer Familie wohnen zu können. Nach vielen Jahren traf ich dort auch den anderen Teil der Familie wieder – und wir verbrachten eine wundervolle gemeinsame Zeit miteinander.

Da ich den Strand so sehr vermisste – ich war schließlich schon lange nicht mehr auf den Philippinen gewesen –, zog es mich fast jeden Tag dorthin. Er lag nur etwa 15 Minuten zu Fuß entfernt. Und selbst dort war die Verbindung zu meiner Herkunft spürbar: In San Diego lebt eine große philippinische Community. Viele ihrer Mitglieder sind Halb-Filipinos; einige ihrer Väter oder Großväter dienten einst in der US-Armee und kamen auf teils verschlungenen Wegen in die Vereinigten Staaten. Diese Entwicklung ist eng mit der Geschichte verbunden: Anfang des 20. Jahrhunderts wurden die Philippinen von den USA kolonialisiert – ein Erbe, das bis heute nachwirkt, nicht zuletzt durch die anhaltende Präsenz der US-Armee auf den Inseln.

Ein besonderes Highlight war der Besuch eines großen philippinischen Supermarkts – ein Ort voller vertrauter Gerüche, vertrauter Produkte und Erinnerungen. Zwischen all den Lebensmitteln entdeckten wir auch philippinisches Bier sowie den typischen Rum, der mittlerweile weit über die Landesgrenzen hinaus bekannt ist. Damals stieß ich gemeinsam mit meinem Onkel darauf an – ein Moment, der mir bis heute lebhaft in Erinnerung geblieben ist. Auch wenn ich inzwischen keinen Alkohol mehr trinke, denke ich gerne daran zurück.

Am letzten Tag in San Diego stand ich am Strand von Imperial Beach, während ein roter Schimmer den Himmel überzog – kurz nachdem die Sonne im Meer versunken war. Allein am Ufer ließ ich meinen Blick über die endlose Weite des Ozeans schweifen. In Gedanken reiste ich weit hinaus über den Pazifik, hinüber zu den Philippinen. Nach sieben langen Jahren sollte ich endlich dorthin zurückkehren.

Kapitel 17: August 2015

Im Jahr 2015 kehrten wir nach sieben langen Jahren endlich auf die Philippinen zurück. Die Sehnsucht hatte sich in all der Zeit aufgestaut, und diesmal wollten wir die Reise besonders genießen. Deshalb planten wir auf dem Rückweg einen Zwischenstopp in Singapur ein. Ein Teil unserer Familie lebte dort, und die Aussicht darauf, sie wiederzusehen und diese faszinierende Stadt zu erkunden, machte die Reise umso aufregender

Zurück auf den Philippinen war vieles vertraut – und doch hatte sich manches verändert. Die Menschen, an die wir uns so lebendig erinnerten, waren älter geworden. Besonders die Kinder unserer Cousine – einst kleine Babys, die wir auf dem Arm getragen hatten – standen nun als fast schon Teenager vor uns. Natürlich hatten wir uns über die Jahre immer wieder auf Facebook „gesehen", doch sie persönlich zu erleben, war eine ganz andere Erfahrung.

Wir kamen im August an, was bedeutete, dass ich an meinem Geburtstag, wie es die Tradition verlangt, früh um sechs Uhr morgens die Kirche besuchte. Überall hieß es wieder „Happy Fiesta", und ich durfte die alten Bräuche, die mir über all die Jahre so vertraut geblieben waren, erneut miterleben. Es war eine besondere Freude, durch die Straßen zu laufen und gelegentlich erkannt zu werden – fast so, als wären wir nie fort gewesen. Wir selbst hatten uns natürlich verändert, abgesehen von den sieben zusätzlichen Jahren, die wir mitbrachten, doch die Verbindung zu diesem Ort war lebendiger denn je.

Auch die Tauchbasis in San Roque gehörte wieder fest zu unserem Aufenthalt. Seit unserem letzten Besuch hatten wir nicht mehr getaucht, und es war ein fast nostalgisches Gefühl, wieder ins Wasser einzutauchen. Die Vielfalt der Tauchspots war beeindruckend – und doch war es jedes Mal ein neues Abenteuer, denn das Meer zeigte sich immer wieder von einer anderen Seite.

Diese Reise fühlte sich an wie ein Traum. Jetzt, während ich diese Zeilen schreibe, vermisse ich das Meer und die gemeinsame Zeit dort mehr, als Worte es ausdrücken können. Es war ein Sommer voller Wiedersehen, Lachen und neuer Erinnerungen, die noch lange in uns nachklingen werden.

Zum ersten Mal seit sieben Jahren wieder am Strand von San Roque – 2015

Schafkopf

Unser Papa brachte uns Schafkopf bei – das typisch bayerische Kartenspiel, das für viele mehr ist als nur ein Spiel. Es ist ein Stück Kultur, ein Ritual, und für uns wurde es auf den Philippinen zu einer täglichen Tradition. Fast jeden Abend saßen wir zu dritt zusammen, während der Wind durch die Palmen wehte und das Summen der Grillen die nächtliche Stille durchbrach.

Schafkopf spielt man normalerweise zu viert, doch da unsere Mama wenig Interesse an dem Spiel zeigte und es unseren philippinischen Freunden zu kompliziert war, passten wir die Regeln an. Mit etwas Kreativität und den Erklärungen unseres Papas funktionierte das Spiel auch zu dritt.

Das Lustige daran: In Deutschland spielten wir es fast nie. Vielleicht, weil es für uns mit den Philippinen verbunden war – mit diesen gemeinsamen Momenten in unserer zweiten Heimat. Dort, fernab des Alltags, wurde das Kartenspiel zu einem festen Bestandteil unserer Familienzeit.

Nach einer langen Pause – genau genommen nach sieben Jahren – saßen wir 2015 wieder zusammen und spielten Schafkopf. Es war fast magisch, wie schnell die alten Griffe, die Begriffe und der Spaß zurückkehrten. „Ich spiel ein Wenz" oder „Vier Laufende" hallte über die Veranda, und die Zeit schien stillzustehen.

Wir merkten, wie sehr sich unser Papa darüber freute, dass wir diese Tradition wieder aufleben ließen. In den Jahren zuvor waren wir seltener zu Hause gewesen – das Studium und die Arbeit hatten uns beansprucht. Doch hier, auf der Veranda, in der tropischen Wärme, fanden wir wieder zueinander.

Die Schafkopfrunden wurden mehr als nur ein Spiel. Sie waren ein Symbol für unsere Verbindung als Familie – für die Momente, die uns immer wieder zusammenführten, trotz der Kilometer und der Jahre, die uns manchmal trennten. Es war, als hätten wir nie aufgehört, gemeinsam zu spielen. Schafkopf blieb ein Stück Heimat, das wir in unseren Herzen tragen.

Andrew und Papa beim Seeigel-Essen – vorne rechts, direkt neben dem San Miguel Bier, liegen die bayerischen Spielkarten. Kurz nach diesem Foto ging's natürlich direkt mit dem Kartenspielen weiter.

Die Kokosnuss-Wette

Kam Jürgen zu Besuch – ein guter Freund der Familie und Leiter der Kinderhilfe Philippinen e.V. (mehr dazu in Kapitel 24) – war eines sicher: Unsere Mama backte ihren berühmten Gugelhupf. Ein echter Klassiker der deutschen Küche, den Jürgen besonders schätzte. Bei Kaffee und Kuchen nahm er dann gern Platz und erzählte uns die Geschichte von der Kokosnuss-Wette.

Es war eine dieser Geschichten, die uns immer wieder einholten und die wir nie ganz loslassen konnten: die Kokosnuss-Wette bei „Wetten, dass..?" im Jahr 2011 auf Mallorca. Wir wussten damals nur, dass der Wettkandidat, der es schaffte, mit seinen Zähnen fünf Kokosnüsse in weniger als zwei Minuten zu knacken, von den Philippinen kam. Er wurde zwar nicht Wettkönig, aber er beeindruckte das Publikum mit seiner unglaublichen Leistung. Die ganze Geschichte dahinter erfuhren wir jedoch erst vier Jahre später – und plötzlich erschien das Ganze noch viel interessanter.

Wie sich herausstellte, kam der Wettkandidat von der Nachbarinsel. Jürgen erzählte uns später von seiner Begleitung nach Mallorca und all den Hürden, die sie auf dem Weg dorthin überwinden mussten. Die Reise war alles andere als einfach: Sie begann mit mühsamen Visa-Anträgen, unzähligen Formularen, langen Wartezeiten – und endete schließlich mit einer anstrengenden Reise nach Europa. Eine Tortur, die am Ende aber zu einem großen Abenteuer wurde. Manches blieb im Dunkeln – wir konnten nicht jedes Detail erfahren –, aber was uns klar wurde, war, dass es eine einmalige Erfahrung für ihn war.

Sein Auftritt bei „Wetten, dass..?" war ein Highlight. Auf

YouTube findet man die Wette in der Folge vom 18. Juni 2011, wo er die Kokosnüsse mit seinen Zähnen aufbiss und die Zuschauer in Staunen versetzte. Auch wenn er nicht den Titel des Wettkönigs mit nach Hause nahm, wurde er dennoch gut entlohnt. Wie viel genau er bekam, wissen wir nicht mehr. Aber es reichte, um ihm auf den Philippinen ein angenehmes Leben zu ermöglichen.

Wir haben später noch versucht herauszufinden, ob er in weiteren Shows oder Wettbewerben aufgetreten ist, doch die Spur verlief im Sand. Falls jemand mehr Informationen hat, wäre es spannend zu erfahren, was aus ihm geworden ist.

Kapitel 18: Zwischenstopps

Auf unserem Rückweg von den Philippinen legten wir – wie geplant – einen Zwischenstopp in Singapur ein. Es war ein wunderbarer Abschluss unserer Reise, und das Wiedersehen mit der Familie machte den Aufenthalt besonders schön. Wir trafen viele Verwandte, und mit dem Cousin unserer Mama schmiedeten wir gleich neue Pläne: Im nächsten Jahr würden er und seine Frau uns in Deutschland besuchen – und natürlich gehörte ein Ausflug zum Schloss Neuschwanstein dazu. Und so kam es dann auch.

Auch wir selbst schmiedeten in Singapur Zukunftspläne. Bei einem "Singapore Sling" mit Blick auf die Marina Bay fassten wir den Entschluss, uns nun ganz auf unser Studium zu konzentrieren und es in den kommenden Jahren erfolgreich abzuschließen. Danach, so versprachen wir uns, würden wir wieder auf die Philippinen zurückkehren.

Doch bis dahin hatte Deutschland Vorrang – der Studienabschluss war das nächste große Ziel. Dieser Moment, mit dem Cocktail in der Hand, dem Blick über die glitzernde Marina Bay und der warmen Nachtluft, fühlte sich an wie eine stille Verabredung mit der Zukunft. Es war ein Zeichen dafür, dass uns unsere zweite Heimat nie ganz loslassen würde – auch wenn Deutschland vorerst unser Zuhause blieb.

Ein besonderer Moment zu zweit – vor der Marina Bay in Singapur

Japan

Nachdem Andrew erfolgreich sein Studium beendet hatte, planten wir sehr spontan eine gemeinsame Reise zu zweit. Japan war unser Ziel – und der Trip war schlichtweg unvergesslich. In Tokio tauchten wir in die bunte Vielfalt der Stadt ein, erkundeten Akihabara, schlenderten durch Ueno und besuchten das berühmte Ghibli Museum. Unsere Reise führte uns weiter nach Yokohama und zum Fuji, bevor wir mit dem Zug ins Kansai-Gebiet aufbrachen, um Kyoto und Osaka zu besuchen. Die Tempel, Schreine und das pulsierende Leben dieser beiden Städte beeindruckten uns zutiefst, auch wenn unser Aufenthalt dort nur kurz war.

Zurück in Tokio machten wir noch einen Stopp am neuen Olympiastadion, das damals im Bau war und auf die Olympischen Spiele 2020 vorbereitete. Mit ein bisschen Wehmut – und noch mehr Vorfreude – nahmen wir uns vor, irgendwann gemeinsam wiederzukommen, um die Stadt und das Land erneut zu erleben. Die Welt ist groß, und die Abenteuerlust war geweckt. Doch uns war auch bewusst, dass der Ernst des Lebens wartete – ich war bereits im Job, und Andrew stand nun ebenfalls kurz davor.

Der nächste Trip musste also sorgfältig geplant werden. So fiel unsere Wahl darauf, nach drei Jahren endlich wieder auf die Philippinen zurückzukehren. Zusammen mit unseren Eltern – wie früher – wollten wir die zweite Heimat erneut erleben. Im Dezember 2018 war es dann so weit: Wir flogen für fünf Wochen zurück auf die Philippinen, um als Familie Zeit in der Heimat unserer Mama zu verbringen. Ein Abenteuer in die weite Welt führte uns am Ende zurück zu unseren Wurzeln.

Der berühmte Roboter aus dem Film *Das Schloss im Himmel* im Ghibli Museum

In traditioneller Yukata durch Kyoto

Andrew vor den ikonischen orangen Torii in Kyoto

***

In die Welt von Pikachu & Co. eintauchen – Pokémon Store, Tokio

Kapitel 19: Weihnachten 2018

Wir flogen zu viert auf die Philippinen – diesmal jedoch über Weihnachten und Neujahr, das erste Mal seit 21 Jahren. In meiner Erinnerung war der letzte Weihnachtsurlaub dort noch lebendig, besonders der Plastikweihnachtsbaum mit den schmelzenden Schokoanhängern.

Unsere Reise führte uns zunächst nach Manila, das wir seit vielen Jahren nicht mehr besucht hatten. Die Stadt war in Teilen beeindruckend modern geworden. Besonders die festlich beleuchteten Viertel vor Weihnachten strahlten regelrecht. Weihnachten wird auf den Philippinen bunt und ausgiebig gefeiert, und die Vorfreude war überall spürbar.

Zurück im Heimatdorf erwarteten uns zahlreiche herzliche Begegnungen und freudige Überraschungen. Die Familie hatte uns festlich empfangen, und es war, als wären wir nie weg gewesen. Natürlich tauchten wir auch wieder in die Unterwasserwelt ab, was uns einmal mehr die Schönheit der philippinischen Küsten vor Augen führte.

Silvester feierten wir gemeinsam mit der Familie – ein Wiedersehen voller Wärme und Freude darüber, dass wir wieder da waren. Die Reise 2018, mit all den kleinen Erinnerungen und Wiedersehensmomenten, bleibt uns als ein besonders wertvoller Jahreswechsel in Erinnerung.

* * *

Weihnachtslichter in Manila, 2018

Schneemänner unter Palmen – San Roque 2018

* * *

Unsere Eltern am Strand von San Roque

Tauchausflug im Jahr 2018

Weihnachtsfeier im Kinderdorf

Wie so oft auf unseren Reisen auf die Philippinen führte uns auch diesmal der Weg in das Kinderdorf – ein Ort, den wir über die Jahre hinweg immer wieder besucht haben. Das Kinderdorf ist ein Projekt der Kinderhilfe Philippinen e.V. und schenkt vielen Kindern, die bereits in jungen Jahren schwierige Lebensumstände erfahren mussten, neue Hoffnung und Perspektiven (mehr dazu in Kapitel 24).

Die Begegnungen dort waren stets geprägt von herzlicher Offenheit, und die engagierten Mitarbeiter*innen hatten immer neue Entwicklungen und bewegende Geschichten zu berichten. Dieses Mal durften wir etwas ganz Besonderes miterleben: die Weihnachtsfeier im Kinderdorf.

Und wie so oft, wenn sich Menschen mit offenem Herzen begegnen, wurde es ein Fest voller Wärme, Freude und Gemeinschaft. Die Feier begann mit einem üppigen Mahl – es gab reichlich zu essen und zu trinken. Die Kinder hatten mit großer Hingabe Tänze und kleine Aufführungen vorbereitet, die sie mit viel Stolz präsentierten.

Nach dem kulturellen Teil verwandelte sich das Fest in eine fröhliche kleine Disco. Die Kinder tanzten ausgelassen – die Stimmung war unbeschwert und voller Lebensfreude. Für viele von ihnen ist das Kinderdorf nicht nur ein sicherer Ort, sondern auch ein Zuhause geworden – ein Ort, der ihnen Struktur, Geborgenheit und ein neues Gefühl von Gemeinschaft schenkt.

Als der Abend langsam ausklang, wurde noch einmal voller Begeisterung getanzt und gefeiert. Beim Abschied erhielten wir – wie jedes Jahr – eine herzliche Einladung, auch beim nächsten Weihnachtsfest wieder dabei zu sein, sofern wir zu dieser Zeit erneut auf den Philippinen wären.

Dieser Abend war einmal mehr ein bewegender Beweis dafür, wie wertvoll die Arbeit im Kinderdorf ist – und wie viel Licht, Freude und Zusammenhalt sie in das Leben der Kinder und in die ganze Gemeinschaft bringt.

Dubai

Auf unserem Rückflug von den Philippinen machten wir einen Zwischenstopp in Dubai, um die Cousine unserer Mama zu besuchen, die dort mit ihrem Mann arbeitete. Wir nutzten die Gelegenheit, uns die Stadt anzusehen, und erlebten einige spannende Tage. Doch die Überraschung kam beim Rückflug: Als wir am Flughafen einchecken wollten, wurden wir gebeten, einen Moment zur Seite zu treten. Unser Flug war überbucht, und uns wurde ein Angebot gemacht, das wir nicht ablehnen konnten: einen Tag später fliegen, dafür aber als Kompensation ein Freiflug für jeden von uns sowie eine Übernachtung in einem 5-Sterne-Hotel inklusive Frühstück, Mittag- und Abendessen – alles kostenlos.

Dank unseres großzügigen Reise-Puffers war das kein Problem. Wir nahmen das Angebot dankend an und freuten uns auf einen unerwarteten Tag in Dubai. Das Hotel war wunderschön, und am nächsten Morgen erwartete uns ein luxuriöses Frühstücksbuffet, bei dem uns eine besonders interessante Geschichte zu Ohren kam. Die Restaurantleiterin, eine freundliche Südkoreanerin, berichtete uns, dass nur ein paar Tage zuvor die K-Pop-Band „Momoland" hier im Hotel zu Gast gewesen war. Die philippinische Crew war begeistert gewesen und hatte ihre Bewegungen im Hotel mitverfolgt, was uns sofort ins Gespräch mit der Restaurantleiterin brachte.

Sie erzählte uns von der anstehenden Expo in Dubai und von den vielen Bauprojekten, die dort noch umgesetzt werden sollen. Dabei schwärmte sie auch von ihrer Heimat Südkorea und empfahl uns unbedingt, einmal dorthin zu reisen. Die Idee blieb hängen und inspirierte uns zu einer

Reise, die wir ein paar Jahre später tatsächlich antraten.

Der Extra-Tag fühlte sich fast surreal an, und als wir dann mit einer Limousine abgeholt und zum Check-in gebracht wurden, schien das Erlebnis perfekt. Wir freuten uns schon auf die nächste Reise, die wir noch im Hotel zu planen begannen: Zur selben Zeit im nächsten Jahr wollten wir wieder auf die Philippinen – zurück in unsere zweite Heimat. Wieder über Weihnachten und Neujahr. Und natürlich: Mit den Freiflügen, die wir nun in der Tasche hatten, fiel uns die Planung auch deutlich leichter.

Tick, Trick und Track im Miracle Garden, Dubai

Kapitel 20: Papa

An einem Nachmittag waren wir noch eine Familie, alles war in Ordnung – und doch änderte sich an genau diesem Nachmittag alles. Es kam plötzlich und viel zu schnell, ein Moment, der uns völlig aus der Bahn warf. Einfach so waren wir nicht mehr zu viert, sondern nur noch zu dritt. Einfach so fühlten wir uns auf eine Weise allein, die schwer zu begreifen war. Die plötzliche Leere, die sich in unser Leben schlich, machte aus vertrauten Orten schmerzhafte Erinnerungen, aus Alltäglichem wurde Ungewohntes. Unser Papa war nicht mehr bei uns.

Die nächsten Wochen waren die schlimmsten, die wir je erlebt hatten. Jede Bewegung, jeder Schritt war schwer – und gleichzeitig so notwendig. Irgendwie musste es weitergehen, und doch fühlte sich alles seltsam leer an. Der Alltag lief weiter, aber wir liefen irgendwie nur nebenher.

Die Beerdigung wurde ein Wiedersehen mit vielen Menschen, die wir lange nicht mehr gesehen hatten: Freunde, Familie, Bekannte – sie alle kamen, um Abschied zu nehmen. Und doch fühlte sich dieser Tag unwirklich an. Es war, als würden wir uns selbst dabei zusehen, als könnte das alles nicht wirklich passieren. Die Zeit danach wurde ein einziges Ringen mit Erinnerungen.

Mit den Jahren wurde dieser Verlust nicht leichter, aber wir lernten, mit ihm zu leben. Irgendwann wurde uns bewusst, dass wir nicht allein waren mit diesem Schmerz.

Viele unserer Freunde verloren in den Jahren danach ihre eigenen Väter – einer nach dem anderen. Die Gespräche veränderten sich: Wir waren nicht mehr nur junge Erwachsene, sondern Menschen, die mit Verlust umgehen mussten.

Die Zeit vergeht, und die Menschen verschwinden. Die Erinnerungen halten wir fest, so gut es geht – doch auch sie verändern sich, werden blasser, entziehen sich manchmal dem Zugriff. Deshalb bleibt uns auch nicht viel mehr darüber zu schreiben – außer, dass wir hoffen, dass das, was bleibt, reicht, um ihn in uns lebendig zu halten.

Die Hohenfelder Bergkirche im September ist ein wahrer Ort der Stille und Besinnung. Hier findet man Ruhe und kann den Alltag hinter sich lassen.

Lieblingsrestaurant

Es gibt Orte, die uns über die Jahre begleiten. Nicht, weil sie besonders spektakulär sind oder eine große Geschichte erzählen, sondern weil sie einfach dazugehören. So wie unser Lieblingsrestaurant in Würzburg – ein kleines vietnamesisches Lokal mitten in der Innenstadt. Ein Ort, an den wir immer wieder einkehrten – mal zu viert als Familie, mal zu dritt, mal nur zu zweit. Es war ein fester Bestandteil, ein Ort, an dem man sich kannte und grüßte, an dem man einfach zusammenkam, aß und für einen Moment die Hektik des Alltags vergaß.

Wann genau wir das erste Mal dort waren, wissen wir nicht mehr. Es müsste um 2015 gewesen sein, als wir das Restaurant zufällig entdeckten. Von da an kehrten wir regelmäßig ein – wenn wir in der Stadt waren, wenn uns nach etwas Vertrautem war, wenn wir einfach Lust auf gutes Essen hatten. Die Besitzerin und ihre Familie, aus Vietnam stammend, kannten uns bald. Und jedes Mal, wenn wir dort waren, gab es ein Lächeln, eine freundliche Begrüßung, manchmal einen kurzen Plausch.

Dann kam der Tag, an dem unser Papa nicht mehr dabei war. Der erste Besuch ohne ihn war merkwürdig, fast surreal. Als wir unser Essen bestellten, fragte die Besitzerin wie immer: „Ist euer Papa heute nicht dabei?" Wir schauten uns kurz an, wichen der Frage aus, sagten nur: „Nein, heute nicht", und ließen das Thema im Raum stehen. Es war zu frisch, zu nah, zu schwer, um darüber zu sprechen.

Doch der nächste Besuch kam, und mit ihm erneut die Frage. Diesmal hatten wir uns vorgenommen, es zu sagen. Nachdem wir gegessen hatten, blickte sie uns an: „Und euer Papa? Heute wieder nicht dabei?" Diesmal hielten wir einen Moment inne. „Er lebt nicht mehr", sagten wir schließlich. Sie stockte, hielt für einen Moment den Atem an. Wir zahlten, verabschiedeten uns – und dann geschah etwas, das uns bis heute bewegt.

Bevor wir gingen, gab sie uns 20 Euro in die Hand. „Für Blumen", sagte sie nur leise.

Nach dem Essen gingen wir noch in ein Blumengeschäft, kauften einen Strauß und fuhren damit zur Kirche auf dem Hohenfelder Berg. Das Grab war noch ohne Stein, nur ein einfaches Holzkreuz stand dort. Im Hintergrund lag die Stadt, der Main – und die Schienen, auf denen ein ICE Richtung Frankfurt Flughafen rollte. Der Zug, mit dem wir wenige Tage später zum Flughafen fahren würden.

Diesmal würden wir nur noch zu dritt am Tisch im ICE sitzen. Ein Platz blieb frei.

Vom Hohenfelder Berg eröffnet sich ein weiter Blick über Kitzingen und den Main, während ein ICE aus dem Osten kommend über Würzburg in Richtung Frankfurt vorbeizieht.

Kapitel 21: Weihnachten 2019

Unser letzter Flug auf die Philippinen war anders als alle zuvor.

Diesmal waren wir nur zu dritt unterwegs – Mama, Andrew und ich. Im Flugzeug gab es nur noch drei Plätze am Fenster, keinen freien Sitz mehr am Gang für Papa. Also saßen wir dicht beisammen, doch seine Abwesenheit war unübersehbar. Die Lücke neben uns blieb spürbar, und mit jedem Kilometer, den wir dem Ziel näherkamen, wuchs das Gefühl der Leere. Es war ein seltsames Gefühl, zu einem vertrauten Ort unterwegs zu sein – aber nicht mehr als die Familie, die wir einmal waren.

Bereits die Zugfahrt zum Flughafen hatte uns nachdenklich gestimmt. Papa war immer ein Teil dieser Reisen gewesen, und obwohl er nicht mehr bei uns war, schien seine Anwesenheit fast greifbar – als wäre er nur kurz aufgestanden und käme gleich zurück. Doch die Stille, die sein leerer Platz hinterließ, war eine leise Erinnerung an eine Zeit, die unwiederbringlich vergangen war.

Als wir schließlich auf den Philippinen ankamen, wurde das Gefühl der Einsamkeit noch stärker. Freunde und Familie empfingen uns mit offenen Armen, spendeten Trost und teilten unsere Trauer. Es wurden Geschichten erzählt, Tränen vergossen und Beileid ausgesprochen. Unser Papa war hier für viele ein guter Freund gewesen, ein Teil der Gemeinschaft, immer für ein Gespräch oder einen Rat zu haben. Jetzt, da er nicht mehr da war, fühlte es sich an, als wäre auch ein Stück dieser Gemeinschaft verloren gegangen. Und doch waren wir dankbar, unter Menschen zu sein, die ihn kannten, schätzten und mit uns vermissten.

Dieser Flug und diese Reise markierten das Ende einer Zeit. Es war eine stille, aber klare Erinnerung daran, dass wir eine neue Realität ohne unseren Papa annehmen mussten. Doch sein Andenken lebte weiter – in den Geschichten, die erzählt wurden, in den Erinnerungen, die wir mit uns trugen, und in den Herzen derer, die ihn nie vergessen werden.

2019 in San Roque – ein Sonnenuntergang, den man nicht vergisst

Kapitel 22: Alltag

Als wir im Januar 2020 nach Deutschland zurückkehrten, war die letzte Reise noch ganz nah – und gleichzeitig lag eine neue, ungewohnte Realität vor uns: der organisatorische Berg, der auf einen wartet, wenn man sich um den Nachlass eines geliebten Menschen kümmern muss. Niemand bereitet einen wirklich darauf vor.

Es war ein endlos scheinender Strom von Aufgaben. Man hangelte sich von Schritt zu Schritt, fast mechanisch – nicht, weil man es wollte, sondern weil es notwendig war. Die Sterbeurkunde musste an verschiedenen Stellen vorgelegt, Verträge mussten gekündigt oder übertragen, Notartermine koordiniert und Unterlagen sortiert werden – und immer wieder das Gefühl, noch einmal von vorne beginnen zu müssen. Es wurde zum Alltag, zur neuen Routine. Fast ein Jahr lang zog sich dieser Prozess hin – doch rückblickend war es auch eine stille Art, mit der Trauer umzugehen. Jede erledigte Aufgabe half, den Schmerz zu bewältigen, lenkte ab, gab Struktur in einer Zeit, in der vieles haltlos schien.

Doch nicht nur die Trauer prägte diese Monate – auch die Pandemie schlug plötzlich mit voller Wucht ein. Sie brachte Unsicherheit, Angst und eine ständige Sorge, nicht nur hier in Deutschland, sondern auch um unsere Familie auf den Philippinen. Wir verloren während der Corona-Zeit weitere Angehörige. Telefonate und Nachrichten wurden zur ständigen Routine – oft die einzige Möglichkeit, zu erfahren, wie es den Menschen dort ging. Die Pandemie riss Wunden in unser Leben, mit denen wir nicht gerechnet hatten, und die räumliche Distanz machte alles noch schwerer.

Diese Monate fühlten sich an, als hätte die Welt den Atem angehalten – und sich doch gleichzeitig rasant verändert. Der Abschied von unserem Papa, die vielen kleinen Neuanfänge und das Ankommen in einer Realität ohne ihn – vieles wirkte surreal, aber wir schlugen uns irgendwie durch diese Zeit.

Als die Corona-Beschränkungen endlich nachließen, begannen wir wieder zu reisen – diesmal zu dritt. Noch immer hatten wir ein ungenutztes Freiticket von unserem Papa. Es war, als hätte er uns eine letzte Einladung mitgegeben. Diese Reise begann mit einem Besuch der Expo in Dubai, führte uns weiter nach Rom und sogar bis nach Südkorea. Es war ungewohnt, manchmal schmerzhaft, unterwegs zu sein ohne ihn – und doch fühlte es sich an, als wäre er dabei.

Gemeinsam in Seoul, 2024

* * *

175

In der Wüste Dubais, 2022

Seitdem waren wir allerdings nicht mehr auf den Philippinen. Inzwischen planen wir jedoch wieder einen Trip dorthin – ein bisschen mit der Erwartung, dass sich vieles verändert hat, und der leisen Hoffnung, dass vielleicht doch alles beim Alten geblieben ist.

Mit der Zeit veränderten sich auch unsere Reisegewohnheiten, und inzwischen sind wir nicht mehr nur zu dritt unterwegs. Manchmal sind wir zu viert oder sogar zu fünft, oder auch mal nur zu zweit – unsere Familie ist groß und wird größer.

Kapitel 23: Familiennachzug

Der Begriff „Familiennachzug" wird in Deutschland oft kontrovers diskutiert. Leider ist er in vielen Fällen mit Vorurteilen behaftet: Bilder von angeblich überfüllten Haushalten, die nur auf die Unterstützung des Staates angewiesen sind, oder die Vorstellung, dass ganze Familienclans einfach „nach Deutschland geholt" werden, ohne sich einzubringen. Solche Klischees sind weit verbreitet – doch sie treffen in den meisten Fällen nicht zu.

Unsere Geschichte des Familiennachzugs sieht ganz anders aus. Für uns bedeutet Familiennachzug vor allem Zusammenhalt und die Möglichkeit, wieder enger miteinander verbunden zu sein – auch wenn große Distanzen uns jahrelang getrennt haben.

Im Jahr 2022 erlebten wir einen ganz besonderen Besuch: Unser Cousin, der mit seiner Familie nach England ausgewandert war und dort als Krankenpfleger in einem Krankenhaus arbeitet, kam mit seiner Familie zu uns nach Deutschland. Der Empfang war herzlich – und wie bei fast all unseren Gästen durfte ein Ausflug zum Schloss Neuschwanstein nicht fehlen.

Ein Foto von dieser Reise, das ich später auf Instagram veröffentlichte, löste eine Kette von Zufällen aus – und führte letztlich dazu, dass ich meine heutige Freundin kennenlernte. Zwischen uns stimmte die Chemie von Anfang an. Obwohl sie in Delmenhorst in

Norddeutschland und ich in Hohenfeld in Bayern, also Süddeutschland, lebe, ließen wir uns von der Entfernung nicht entmutigen. Mit ICE und Regionalbahn war die Strecke – sofern alles planmäßig verlief – in rund vier Stunden zu bewältigen. Und es funktionierte überraschend gut.

Als sie schließlich bei uns einzog, verwandelte sich unser Elternhaus wieder in ein lebendiges Zuhause für vier Menschen. Meine Freundin, eine Russlanddeutsche mit einer großen und liebevollen Familie, brachte frische Energie und eine besondere Herzlichkeit mit, die unser Familienleben spürbar bereicherte.

Ein weiteres Familienmitglied kam bereits ein Jahr zuvor aus den Philippinen nach Deutschland: Unsere Cousine ließ sich in Berlin nieder und fand eine Anstellung als Krankenpflegerin – ein Beruf, der in Deutschland sehr gefragt ist. Wie es in vielen philippinischen Familien Tradition ist, unterstützt sie mit ihrem Einkommen ihren Vater und ihren Bruder, die weiterhin auf den Philippinen leben.

Ihr Umzug nach Deutschland ermöglichte es auch unserem Onkel, der noch nie die Philippinen verlassen hatte, uns zu besuchen. Zum ersten Mal konnte er die Welt außerhalb seines Heimatlandes sehen. Es war eine wunderschöne Familienzusammenführung, die zeigte, wie eng unsere Verbindungen trotz der geografischen Entfernung geblieben sind.

Familiennachzug, so wie wir ihn erleben, ist weit mehr als ein juristischer Begriff oder ein politisches Diskussionsthema. Es ist das Zusammenbringen von Menschen, das Überbrücken von Distanzen und das Teilen von Kulturen. Unsere Familie wird immer größer – und das Leben bleibt ein Abenteuer. Jeder Tag ist ein Geschenk, das wir in vollen Zügen genießen.

TEIL 4: GEGENWART

Kapitel 24: Kinderhilfe Philippinen

Im Jahr 2021, ein Jahr nach unserer Rückkehr, erfuhren wir, dass Jürgen Schneidt, der Gründer der Kinderhilfe Philippinen e.V., verstorben war. Die Nachricht erreichte uns über den Newsletter, begleitet von einem langen Brief, der sein Lebenswerk und die bleibende Bedeutung seines Engagements würdigte.

Jürgen hatte Großes geschaffen, und dieser letzte Brief führte uns noch einmal vor Augen, wie viele Leben er berührt und wie viel er bewirkt hatte. Es war ein stiller, aber bedeutsamer Abschied von einem Menschen, der sich unermüdlich für andere eingesetzt hatte.

Mit seiner Arbeit hat Jürgen nicht nur uns geprägt, sondern ein Vermächtnis geschaffen, das in jedem Projekt der Kinderhilfe Philippinen weiterlebt. Sein Einsatz, seine Leidenschaft und seine Menschlichkeit bleiben unvergessen.

Über die Kinderhilfe

Die Kinderhilfe Philippinen e.V. ist eine private, ehrenamtlich organisierte Initiative von ZDF-Mitarbeiterinnen und -Mitarbeitern. Mit dem folgenden Beitrag möchten wir euch einen Einblick in die wertvolle Arbeit des Vereins geben und zugleich zeigen, mit wie viel Herzblut sich die Beteiligten engagieren.
Ein besonderer Dank gilt Friedhelm Stoll und seinem Team, die sich Zeit genommen und unsere Fragen beantwortet haben.

Vielleicht gelingt es uns ja, euch nicht nur zu informieren, sondern auch für eine Unterstützung – etwa durch eine Spende – zu begeistern.

1. Was ist die Mission von der Kinderhilfe Philippinen e.V., und welche konkreten Ziele verfolgt die Organisation auf den Philippinen?

Seit 1986 bietet unser Dorf auf der philippinischen Insel Leyte rund 70 Babys, Kleinkindern und Jugendlichen ein sicheres Zuhause.
Die Mission der Kinderhilfe ist es, misshandelten, verwaisten oder allgemein benachteiligten Kindern dauerhaft ein Zuhause im Kinderdorf zu geben und ihnen durch eine Schulausbildung die Chance auf ein späteres, selbstbestimmtes Leben zu ermöglichen.

2. Können Sie uns einige der wichtigsten Projekte vorstellen, die aktuell durchgeführt werden? Wie wirken sich diese Projekte auf das Leben der Kinder aus?

* * *

Die Kinderhilfe organisiert dauerhaft auch die medizinische Behandlung bedürftiger Kinder, die nicht im Dorf wohnen und deren Eltern mittellos sind.
Nach individueller Prüfung der Bedürftigkeit wird die notwendige ärztliche Behandlung in Krankenhäusern in Maasin, Tacloban oder Cebu finanziert – einschließlich Transport, Übernachtung, Verpflegung, Medikamente und Arzthonorare.

3. Was sind die größten Herausforderungen, denen sich die Kinderhilfe Philippinen e.V. in seiner Arbeit gegenübersieht?

Rückläufiges Spendenaufkommen zwingt zu maßvollen Haushaltsplänen.
Steigende Löhne und Preise auf den Philippinen – insbesondere bei Lebensmitteln und medizinischen Produkten – sowie zunehmende bürokratische Anforderungen schränken die Leistungsfähigkeit der Kinderhilfe vor Ort zunehmend ein.

4. Wie stellen Sie sicher, dass die Spenden effektiv eingesetzt werden und die Hilfe auch tatsächlich dort ankommt, wo sie benötigt wird?

Die Kinderhilfe unterhält keinen kostenintensiven administrativen Überbau.
Spenden kommen ohne Umwege direkt im Kinderdorf an.
Die Gelder werden zu 100 Prozent für konkrete Projekte verwendet.
Ein Beispiel: Mit einer Spende von 20 Euro kann ein Kind eine Woche lang verpflegt werden.

5. Können Sie Beispiele von Erfolgsgeschichten nennen, bei denen die Unterstützung der Organisation das Leben

einzelner Kinder oder Gemeinschaften verbessert hat?

Die vier Geschwister Gilbert, Rey, Madelyn und Reyesther Espejo kamen als Kleinkinder ins Kinderdorf – der älteste, Gilbert, war sechs Jahre alt. Sie lebten dort bis zum Abschluss ihrer Ausbildung.

Anschließend wohnten sie gemeinsam in einem Haus in Padre Burgos, das Jürgen Schneidt von einem Deutschen zur Nutzung überlassen wurde, nachdem dieser die Philippinen verlassen hatte.

Dort lebten sie, bis jeder eine eigene Familie gegründet hatte. Heute sind alle vier Geschwister verheiratet und leben weiterhin in Padre Burgos.

Gilbert ist mit einer ehemaligen Sozialarbeiterin des Kinderdorfes verheiratet. Seit seinem Abschluss als Lehrer arbeitet er bei der Schulbehörde an der Central School in Padre Burgos und stundenweise als Sportinstruktor im Kinderdorf.

Rey ist als Computertechniker bei der örtlichen Polizeibehörde tätig und gibt stundenweise Musikunterricht für unsere Kinder.

Madelyn arbeitet als Krankenschwester im örtlichen Krankenhaus, Reyesther als Sekretärin im Bürgermeisteramt der Gemeinde Padre Burgos.

Diese Erfolgsgeschichten zeigen, wie die Kinderhilfe die Kinder auf ein Leben in der Gemeinschaft vorbereitet und ihre Schul- und Berufsausbildung gezielt fördert

6. Wie sehen die zukünftigen Pläne und Visionen der Kinderhilfe Philippinen e.V. aus? Welche Projekte oder Initiativen planen Sie für die nächsten Jahre?

Die Kinderhilfe unterstützte in der Vergangenheit auch die Verbesserung der ländlichen Infrastruktur rund um das Kinderdorf: Spielplätze, Kindergärten, Schulen,

Krankenhäuser und medizinische Einrichtungen wurden errichtet – insgesamt mehr als 300 Gebäude.

Zudem wurden zahlreiche manuelle Wasserpumpen zur Versorgung ländlicher Gegenden installiert. Dabei lag der Fokus stets darauf, einheimische Arbeitskräfte einzusetzen.

Als Großprojekt bleibt der autarke Betrieb des Kinderdorfes im Mittelpunkt.

Das Kinderdorf finanziert sich ausschließlich durch Spendengelder aus Deutschland, die leider seit Jahren stetig zurückgehen.

Daher haben wir eine Initiative gestartet, um die philippinischen Behörden – wie das DSWD (Department of Social Welfare and Development), Gemeindeverwaltungen und die Provinzregierung von Southern Leyte – an den Kosten für den Erhalt des Kinderdorfes zu beteiligen.

7. Welche Rolle spielen Freiwillige und Spender für Ihre Arbeit, und wie können Interessierte aktiv mitwirken oder unterstützen?

Ohne dauerhafte (Geld)Spenden ist ein solches Langfristprojekt nicht leistbar.

Ohne ehrenamtliche Hilfe ist die administrative Steuerung nicht leistbar und kostenseitig nicht verantwortbar.

8. Wie stellt die Organisation sicher, dass kulturelle und lokale Besonderheiten bei der Projektarbeit berücksichtigt werden?

Das Local Board besteht ausschließlich aus Filipinas und Filipinos.

Projekte werden stets vor Ort auf ihre Sinnhaftigkeit und Wirtschaftlichkeit geprüft.

Die Projekt- und Bauleitung liegt immer in den Händen von

Mitarbeiter*innen der Kinderhilfe.

Lokale Firmen und Arbeitskräfte werden partnerschaftlich eingebunden.

Die Zusammenarbeit mit der Gemeinde Padre Burgos ist sehr eng.

Die Kinderhilfe ist Teil der Gemeinschaft und engagiert sich bei kulturellen und humanitären Anliegen.

9. Wie kann man als Spender sicherstellen, dass das Geld verantwortungsvoll eingesetzt wird? Bieten Sie regelmäßige Updates oder Berichte an?

- Transparente Mittelverwendung durch Einblick in Haushaltspläne und Jahresabschlüsse
- Regelmäßige Newsletter
- Homepage
- Impressionen per Videoclips
- Facebook
- Sonderberichte

10. Was möchten Sie unseren Lesern abschließend noch mit auf den Weg geben? Warum ist ihre Unterstützung so wertvoll?

Wir, der Kinderhilfe Philippinen e.V., geben Kindern unsere Hand. Mit einer Spende kann jeder einen Teil leisten gemeinsam mit uns Kindern eine Zukunft zu schenken. Dafür steht die Kinderhilfe seit 1986 ein.

Spenden

Eine Spende von nur 20 Euro hilft schon bei der Verpflegung eines Kindes für eine ganze Woche. Also spenden, jeder Euro zählt!

Spenden an: KinderHilfe Philippinen e.V. Mainz
Rheinhessen Sparkasse
IBAN DE64 5535 0010 0000 0002 40
SWIFT-BIC: MALADE51WOR

Zusätzliche Informationen findet ihr auf der ZDF-Website über den angegebenen Link:
https://www.zdf.de/unternehmen/verantwortung/gemeinwohl/kinderhilfe-philippinnen-100.html

Kapitel 25: Eure Fragen

Immer wieder erreichen uns viele – und oft sehr ähnliche – Fragen zu unserer Herkunft: zu unserer Geschichte, unseren Erfahrungen und darüber, wie es wirklich ist, zwischen zwei Kulturen aufzuwachsen. In diesem Kapitel wollen wir genau diese Fragen beantworten.

Diesmal teilen wir uns die Antworten auf, denn obwohl wir vieles gemeinsam erlebt haben, blickt jeder von uns mit einem ganz eigenen Blick auf die Vergangenheit.

Unsere Erinnerungen, Gefühle und Gedanken sind nicht immer deckungsgleich – und genau das macht unsere Geschichte so besonders.

Weitere Fragen, die vielleicht noch von euch kommen könnten, werden wir gemeinsam im Podcast „Alman ist Lost" besprechen – in der Folge mit dem Titel „Im Jeepney durch die Zeit".

Und jetzt: Hier kommen eure Fragen – und unsere ganz persönlichen Antworten darauf.

Fragen an Christian

1. Was bedeutet Heimat für dich persönlich?

Heimat ist Freiheit. Fühle ich mich frei, bin ich zu Hause. Das kann überall sein.

2. Gibt es einen bestimmten Moment aus deiner Kindheit, der für dich die Verbindung zu den Philippinen besonders geprägt hat?

Der Festumzug der Schule zur jährlichen Fiesta im Dorf war etwas ganz Besonderes. Jedes Jahr sah er ein wenig anders aus – und doch blieb er im Kern immer gleich. Jede Schulklasse präsentierte sich mit bunten Kostümen, Tänzen und lauter Musik. Diese lebendigen Erinnerungen bleiben für immer bestehen.

3. Welche Rolle spielen philippinische Traditionen in deinem Leben heute?

Die regelmäßigen Treffen mit der philippinischen Gemeinde in Deutschland bedeuteten mir viel. Es gehört zur Tradition, zusammenzukommen, gemeinsam zu essen – und am Ende die übrig gebliebenen Speisen, die oft die Hälfte des Buffets ausmachen, mit nach Hause zu nehmen.

4. Welche Erinnerungen an deine Familie auf den Philippinen sind dir besonders wichtig?

Das letzte Treffen aller Geschwister meiner Mama mit

unserem Opa war etwas Besonderes. Wir machten ein gemeinsames Foto – es sollte das letzte Mal sein, dass alle noch am Leben waren. Solche Momente muss man festhalten, denn die Zeit ist unerbittlich.

5. Gibt es ein philippinisches Gericht, das für dich eine besondere Bedeutung hat?

Auf den Philippinen nennt man Spanferkel „Lechon". Die Schweine werden traditionell mit Gewürzen und lokalem Gemüse gefüllt, bevor man sie langsam über dem offenen Feuer gart. Oft stammen sie aus der eigenen Dorfzucht oder von benachbarten Züchtern, bei denen man sie über Jahre hinweg großzieht. Steht ein besonderes Ereignis wie ein Geburtstag an, kommt die ganze Familie zusammen – und Lechon darf dabei nicht fehlen. Es ist einfach Teil unserer Kultur und unserer Feste.

Heute bin ich Vegetarier – das bedeutet, dass ich bei solchen Anlässen meist nur noch die Beilagen genieße.

6. Gibt es ein deutsches Gericht, das für dich eine besondere Bedeutung hat?

Kloß mit Soß von unserer Oma und der Kartoffelsalat von unserem Papa.

7. Wenn du die Philippinen mit einem Wort beschreiben müsstet, welches wäre es?

Zeitlosigkeit. Spätestens nach zwei Tagen hab ich den Wochentag vergessen. Ein Gefühl, das ich vermisse.

8. Wie würdest du die Mentalität der Menschen dort mit der deutschen Mentalität vergleichen?

Offenheit – das spürt man sofort. Die Türen stehen offen, Besucher sind jederzeit willkommen. Wenn man durch die Straßen geht, begegnet man dem Leben: Menschen, Gespräche, Lachen.

In Deutschland ist das ganz anders. Das muss nicht zwangsläufig negativ sein – auch ich genieße es, Zeit für mich zu haben. Aber für jemanden, der neu nach Deutschland kommt, kann diese Zurückhaltung zunächst sehr befremdlich wirken.

9. Welche Werte oder Prinzipien aus der philippinischen Kultur würdest du an deine eigenen Kinder weitergeben wollen?

Leichtigkeit. Ein Wort, das aber viel sagt. Ich persönlich habe das immer für mich mitgenommen. Egal wie die Situation ist – man sollte ihr mit einer gewissen Leichtigkeit begegnen. Jeder kann das. Klar fällt das manchmal schwer, doch genau deshalb ist diese Charaktereigenschaft so wertvoll. Oder wie soll ich Menschen mit schlechter Laune sonst begegnen?

10. Was denkst du, sind die größten Missverständnisse oder Klischees über die Philippinen, die du oft hörst?

In Deutschland nimmt man an, dass es sich um ein „Dritte-Welt-Land" handelt. Das stimmt zwar in Bezug auf die hohe Armut zum Teil noch, doch die Mittelschicht wächst stetig, und das Bildungsniveau ist sehr hoch. Außerdem kommt man mit Englisch problemlos durchs Land. Also: Ab auf die Philippinen – lasst euch überraschen!

11. Fühlst du dich mehr als Deutscher, als Filipino oder als eine Mischung aus beidem?

* * *

Eigentlich fühle ich mich einfach als Deutscher, doch manchmal muss ich diesen „Migrationshintergrund" hinzufügen. Ein Umstand, der im Jahr 2025 irgendwie seltsam wirkt. Ich würde mich auch gerne als Europäer mit philippinischen Wurzeln bezeichnen.

12. Hast du jemals darüber nachgedacht, dauerhaft auf den Philippinen zu leben? Warum oder warum nicht?

Früher, ja – da konnte ich es mir gut vorstellen. Heute nicht mehr so sehr. Dafür bin ich mittlerweile wohl doch zu sehr „deutsch geworden" – und ich schätze es sehr, im Herzen Europas zu leben. Trotzdem sollte man niemals etwas völlig ausschließen. Vielleicht zieht es mich eines Tages doch noch für längere Zeit auf die Philippinen.

Fragen an Andrew

1. Was bedeutet Heimat für dich persönlich?

Ein Ort der mir Sicherheit, Ruhe und Gemeinschaft gibt.

2. Gibt es einen bestimmten Moment aus deiner Kindheit, der für dich die Verbindung zu den Philippinen besonders geprägt hat?

Mir wurde früh bewusst, wie sehr Armut in der Gesellschaft oft einfach hingenommen wird. Ich erinnere mich an einen Moment – da war ich etwa zehn Jahre alt. Wir waren bei Jollibee essen, und vor dem Restaurant saß ein obdachloser Mann. Er wirkte alt, gezeichnet vom Leben. Ich bestellte extra mehr, nur um ihm mein übriges Essen geben zu können. Für mich war klar: Helfen sollte keine Grenzen kennen – weder im Alter noch durch gesellschaftliche Unterschiede.

3. Welche Rolle spielen philippinische Traditionen in deinem Leben heute?

Ganz klar: das Essen. Wann immer man von philippinischen Freunden oder Verwandten eingeladen wird, steht das traditionelle Essen im Mittelpunkt – reichhaltig, voller Geschmack und voller Erinnerungen. Dazu kommt die herzliche Atmosphäre, die Freude und die Geselligkeit der Menschen. Diese Kombination ist einfach einzigartig.

* * *

4. Welche Erinnerungen an deine Familie auf den Philippinen sind dir besonders wichtig?

Gemeinsames Essen hatte immer eine besondere Bedeutung – oft saßen vier bis fünf Generationen zusammen am Tisch, um mittags oder abends zu essen. Manchmal fand das Ganze sogar am Strand statt – bei Ebbe, mit Reistopf, Tellern und Besteck. Die Meeresfrüchte wurden frisch gesammelt und direkt gemeinsam verspeist. Es waren einfache, aber unvergessliche Momente.

5. Gibt es ein philippinisches Gericht, das für dich eine besondere Bedeutung hat?

Frühlingsrollen – natürlich wegen ihres einzigartigen Geschmacks, aber auch wegen der Vielfalt an Rezepten, die von Generation zu Generation weitergegeben werden.

6. Gibt es ein deutsches Gericht, das für dich eine besondere Bedeutung hat?

Kartoffeln mit Spiegelei und Spinat – früher kam dazu noch Leberkäse, ein typisch fränkisch-bayerisches Gericht. Heute, als Vegetarier bzw. Pescetarier, lasse ich das Fleisch weg. Dieses Gericht war das traditionelle Essen meiner deutschen Oma und stand mindestens einmal pro Woche auf dem Tisch. In unserer frühen Kindheit aßen wir fast täglich gemeinsam mit drei Generationen zu Mittag – eine Tradition, die bis heute in Erinnerung geblieben ist.

7. Wenn du die Philippinen mit einem Wort beschreiben müsstet, welches wäre es?

Vielfalt.

8. Wie würdest du die Mentalität der Menschen dort mit der deutschen Mentalität vergleichen?

Jede Mentalität bringt ihre Stärken und Schwächen mit sich. Ein gutes Beispiel dafür ist die Pünktlichkeit. In Deutschland gilt es als selbstverständlich, sich an Zeitpläne zu halten – Struktur, Verlässlichkeit, Termintreue. Auf den Philippinen hingegen gleicht das oft einem Kampf gegen Windmühlen. Was hier als klar geregelt erscheint, verliert dort schnell an Bedeutung.

Wer als Deutscher in diese Kultur eintaucht, muss lernen, mit dem „Flow" zu gehen – und sich hin und wieder einfach sagen: „Naja, so ist es halt." Denn gegen Windmühlen zu kämpfen, bringt wenig – Gelassenheit ist in diesem Fall der bessere Weg.

9. Welche Werte oder Prinzipien aus der philippinischen Kultur würdest du an deine eigenen Kinder weitergeben wollen?

Die Leichtigkeit, mit der auf den Philippinen mit Problemen umgegangen wird, ist bemerkenswert. Oft spricht man dabei von einer Mentalitätsfrage – und doch ist sie stark kulturell geprägt. Herausforderungen, Konflikte oder kleinere Missverständnisse werden nicht überbewertet.

Da kommt nicht plötzlich ein aufgebrachter Nachbar um die Ecke, weil man falsch geparkt hat, die Musik zu laut ist oder der Rauch vom Grill ins Fenster zieht. Für viele Filipinos ist etwas erst dann ein echtes Problem, wenn es sich nicht mehr mit der Zeit lösen lässt. Alles hat seinen eigenen Rhythmus – und am Ende zählt, dass man gemeinsam wieder lächelt.

* * *

10. Was denkt du, sind die größten Missverständnisse oder Klischees über die Philippinen, die du oft hörst?

Es zeugt von Unwissenheit – und ist in erster Linie rassistisch –, wenn Filipinos pauschal als „Schlitzaugen" bezeichnet werden. Solche Begriffe sind beleidigend und haben in einem respektvollen Miteinander keinen Platz.

Abgesehen davon haben die Philippinen – außer einer gemeinsamen Meeresgrenze – mit China kulturell wenig gemein. Die philippinische Bevölkerung ist stark vom amerikanischen Bildungssystem geprägt. Englisch gehört zum Alltag: Viele Kinder lernen es bereits im Kindergarten, und die meisten Menschen sprechen es fließend.

Zudem leben und arbeiten über zwei Millionen Filipinos im Ausland – sie sind Teil einer global vernetzten Welt. Wer wenig über asiatische Kulturen weiß, sollte sich davor hüten, ignorante oder pauschalisierende Aussagen zu treffen. Denn Japaner, Koreaner, Chinesen, Taiwaner, Thailänder, Indonesier und Filipinos unterscheiden sich kulturell ebenso stark voneinander wie Engländer und Griechen.

11. Fühlst du dich mehr als Deutscher, als Filipino oder als eine Mischung aus beidem?

50/50-Mischung – ich habe mein Schnitzel mit Reis gegessen.

12. Hast du jemals darüber nachgedacht, dauerhaft auf den Philippinen zu leben? Warum oder warum nicht?

Dauerhaft auf den Philippinen zu leben – nein, das kann ich mir aktuell nicht vorstellen. Aber von Ende Oktober bis Ende März wäre ich am liebsten dort. Mit dem grauen, tristen Wetter in Deutschland während dieser Monate kann ich einfach nichts anfangen.

Man fällt fast automatisch in ein emotionales Loch: Man beginnt den Tag im Dunkeln und hört im Dunkeln wieder auf zu arbeiten – ohne einen Sonnenstrahl gesehen zu haben. Das zieht mich jedes Jahr aufs Neue richtig runter.

Kapitel 26: Podcast "Alman ist Lost"

Wir hatten schon immer viele Ideen und Pläne, die uns durch den Kopf schwirrten. Unsere Erlebnisse, Gedanken und Beobachtungen führen zu einer Fülle von Ideen – oft völlig unterschiedlich.

Von einer Serie über den Alltag eines kleinen Fußballvereins in einem deutschen Dorf bis hin zu einem Science-Fiction-Roman über die Ankunft von Aliens und das Rätsel des Fermi-Paradoxons – bei uns ist alles möglich.

Um all diese Gedanken und Ideen zu sortieren und zu teilen, haben wir 2022 unseren Podcast „Alman ist Lost" ins Leben gerufen.

Die Bezeichnung „Alman" wird oft benutzt, um sich ein bisschen über typisch deutsche Verhaltensweisen lustig zu machen. Ursprünglich kommt das Wort aus dem Türkischen und bedeutet einfach „Deutsche(r)".

Heute verwendet man „Alman" eher spaßhaft – etwa wenn jemand sehr pünktlich ist, sich streng an Regeln hält oder beim Campen seinen eigenen Klappstuhl mitbringt.

Es geht dabei nicht darum, jemanden zu beleidigen – es ist eher ein Witz mit Augenzwinkern über Dinge, die viele Deutsche machen oder die man für „typisch deutsch" hält.

Unser Podcast deckt weit mehr ab, als man auf den ersten Blick denken könnte – wir sprechen über alles, was uns bewegt: politisch, gesellschaftlich und ganz persönlich.

Die Themen reichen von der Frage, ob ein Verbot der AfD mit dem Grundgesetz vereinbar ist, bis hin zu tiefgründigen Überlegungen über außerirdisches Leben oder den Zustand unserer Welt.

Doch für uns ist der Podcast mehr als nur ein Ort zum Reden.

Er ist unsere Art, Erlebnisse zu verarbeiten und als Brüder verbunden zu bleiben – auch wenn uns das Leben manchmal an völlig unterschiedliche Orte führt.

Beruflich und privat sind wir manchmal weit voneinander entfernt, ab und zu sogar auf verschiedenen Kontinenten.

Ziemlich sicher ist, dass sich der Name unseres Podcasts mit der Zeit verändern wird – aus „Alman ist Lost" wird irgendwann ein anderer Titel entstehen, der vielleicht besser zu dem passt, was unser Podcast dann ist und wofür er steht.

Was aber ganz sicher bleibt, ist die durchgehende Nummerierung unserer Folgen.

Sie erlaubt es uns – und allen, die uns hören – genau nachzuvollziehen, welche Episode an welchem Dienstag erschienen ist. Ohne eine einzige Pause.

Diese verlässliche Struktur gibt uns nicht nur Orientierung, sondern auch ein Gefühl von Konstanz – fast wie ein kleines Stück Ewigkeit.

Da ich selbst ein Zahlenmensch bin und gerne alles genau nachrechne, habe ich ein kleines Zukunftsszenario aufgestellt:

Unsere erste Folge erschien am 10. Mai 2022 – das ist unser fester Ausgangspunkt.

Wenn wir weiterhin jeden Dienstag ohne Pause veröffentlichen, würden wir Folge 1000 am 2. Juli 2041 erreichen. Folge 2000 käme am 31. August 2060.

Und unser großes Ziel?

Dass wir auch im Jahr 2100 noch gemeinsam podcasten. Wenn alles so weiterläuft, wären wir dann bei Folge 4053, die am 5. Januar 2100 erscheinen würde.

Wir wären dann 107 und 105 Jahre alt – und ganz ehrlich: Der Gedanke hat was.

Zwei alte Brüder, die einfach nicht aufhören, miteinander zu sprechen. Und die Themen? Die werden uns ganz sicher nicht ausgehen.

TEIL 5: ZUKUNFT

Kapitel 27: Demokratie

Wir sorgen uns um unsere Zukunft – um die Richtung, in die sich unsere Gesellschaft entwickelt. In Zeiten des Klimawandels ist die Zukunft keine Selbstverständlichkeit mehr. Besonders Länder wie die Philippinen, mit ihren tausenden Inseln und Millionen von Menschen in Küstenregionen, gehören schon heute zu den am stärksten bedrohten Gebieten der Welt. Die Klimakrise ist längst Realität – und sie zeigt uns einmal mehr, wie eng politische, soziale und ökologische Fragen miteinander verwoben sind.

Gerade deshalb haben wir entschieden, uns noch intensiver zu engagieren. Wegsehen ist keine Option mehr.

Nach den Ergebnissen der Bundestagswahl 2025 stand für uns fest: Wir treten der SPD (Sozialdemokratische Partei Deutschlands) bei.

Dass die AfD – die sich selbst „Alternative für Deutschland" nennt – 20 % der Stimmen erhalten hat, hat uns tief erschüttert. Eine Partei, die den menschengemachten Klimawandel leugnet und Positionen vertritt, bei denen die Würde des Menschen offenbar nicht mehr unantastbar ist, gewinnt massiv an Einfluss. Und das in einem Land, dessen Verfassung mit den Worten beginnt: „Die Würde des Menschen ist unantastbar" (Artikel 1 GG).

Diese Entwicklung erschüttert uns zutiefst. Wir können

und wollen das nicht einfach hinnehmen. Statt nur zuzusehen, haben wir beschlossen, aktiv gegenzuhalten.

Zugleich beobachten wir auch in unserem direkten Umfeld mit Sorge, dass Positionen, die weit entfernt von unserem Grundgesetz und seinen Grundwerten liegen, zunehmend salonfähig und als „normal" wahrgenommen werden. Diese Verschiebung des Sag- und Denkbaren macht uns betroffen – und bestärkt uns in unserem Entschluss, aktiv gegenzusteuern.

Wer uns kennt – oder uns beim Lesen dieses Buches ein Stück näher kennengelernt hat – weiß, dass uns bestimmte Werte besonders am Herzen liegen: soziale Gerechtigkeit, demokratisches Handeln und ein respektvoller Umgang miteinander.

Unsere Entscheidung für die SPD ist jedoch nicht allein von der aktuellen politischen Lage geprägt, sondern auch durch unsere Familiengeschichte. Unser Großvater, Jahrgang 1923, war selbst Mitglied der SPD.

Aus Erzählungen wissen wir von Brüdern unseres Großvaters und weiteren Familienmitgliedern, die damals ebenfalls politisch aktiv waren. Leider konnten wir unsere Familiengeschichte bislang nicht lückenlos rekonstruieren. Wir hörten von einem Onkel unseres Großvaters, der in die Schweiz fliehen musste, und auf dem Kriegsdenkmal unseres Dorfes findet sich unser Familienname ebenfalls mehrfach. Diese Spuren machen uns neugierig, und wir werden weiter recherchieren.

Unsere Sorge gilt nicht nur der Zukunft, sondern auch der Demokratie. Für uns ist sie die wichtigste und beste Staatsform, die wir haben. Ein Blick in die deutsche wie auch in die philippinische Geschichte zeigt deutlich, zu welchen Abgründen autoritäre Systeme führen können. Minderheiten leiden unter solchen Verhältnissen meist am stärksten – sie benötigen die Demokratie mehr als alle anderen.

Und wir zählen uns selbst zu einer solchen Minderheit. Wir sind Deutsche mit Migrationshintergrund – oder, wie wir manchmal scherzhaft sagen, „Ausländer mit Migrationshintergrund". Wir kennen beide Perspektiven, bewegen uns zwischen den Kulturen und erleben immer wieder, wie schnell Menschen in Schubladen gesteckt werden.

Umso wichtiger ist es für uns, dass demokratische Werte nicht nur geschützt, sondern auch aktiv gelebt werden.

Ein Punkt, der uns besonders am Herzen liegt, ist die soziale Gerechtigkeit – und in Ländern wie den Philippinen erhält dieser Begriff noch einmal eine ganz eigene Dringlichkeit. Dort leben Arm und Reich Tür an Tür – und doch in völlig unterschiedlichen Welten. Diese Ungleichheit ist alltäglich sichtbar, greifbar, schmerzhaft.

Deshalb richten wir auch einen Appell an unsere Leserinnen und Leser: Unterstützt die Kinderhilfe Philippinen e.V. – jeder Beitrag hilft, Chancen zu schaffen, wo sonst keine sind.

Doch auch in Deutschland wächst die Kluft zwischen Arm und Reich. Diese Entwicklung beobachten wir mit großer Sorge. Wenn wir ihr nicht entschieden entgegentreten, wird sie unsere Gesellschaft weiter spalten – bis es irgendwann zu spät ist. Soziale Gerechtigkeit ist kein Luxus, sondern eine Voraussetzung für eine funktionierende Demokratie.

Demokratie lebt vom Mitmachen. Wir wollen unseren Teil dazu beitragen – für eine gerechtere, menschlichere und zukunftsfähige Gesellschaft.

Kapitel 28: Jahr 2100

Es ist der 5. Januar 2100. Dienstag. 13:00 Uhr.

Folge 4053.

Wir sitzen nebeneinander, wie schon so viele Male zuvor. Es ist einer dieser klaren Januartage, an denen die Luft fast ein bisschen nach Neuanfang riecht.

Wir sind 107 und 105 Jahre alt.

Und ja – wir sind noch da. Nicht mehr so schnell wie früher, vielleicht ein bisschen langsamer in der Bewegung, aber wach im Kopf, ruhig im Herzen und immer noch voller Neugier. Und vor allem: gemeinsam.

Wir nicken uns zu. Kurz, wortlos. Und dann drücken wir auf „Aufnahme".

„Willkommen zu Folge 4053 unseres Podcasts …"

Unsere Stimmen füllen den Raum. Nicht mehr ganz so klar wie früher, ein wenig rauer vielleicht – aber voller Wärme und Leben. Es ist ein Ritual geworden, das uns verbindet. Seit Jahrzehnten. Und auch heute, in diesem neuen Jahrhundert, sitzen wir hier wie immer. Zusammen.

Und wir reden.

Unser erstes Thema heute: die Reisen zum Mars.

Was einst Zukunftsmusik war, ist längst Alltag geworden. Wir sprechen über die ersten Missionen, die Rückschläge, die Euphorie – und darüber, wie aus einer Idee Wirklichkeit wurde. Heute fliegen Menschen regelmäßig zum Mars. Es gibt Kolonien – nicht als Fluchtort, sondern als Erweiterung unserer Möglichkeiten. Die Erde bleibt unser Zuhause. Doch der Horizont ist weiter geworden. Das All ist nicht mehr fern – und das Staunen hat nie aufgehört.

Unser zweites Thema bewegt uns tief: die letzten Waffen, die im Museum für moderne Geschichte ausgestellt sind.

Wir sprechen mit leiser Stimme, fast ehrfürchtig. Über eine Welt, die gelernt hat, dass Gewalt keine Lösung ist. Dass Krieg nicht mehr notwendig ist. Die letzten Konflikte liegen Jahrzehnte zurück. Heute wachsen Kinder in Frieden auf – in einer Welt ohne Armeen, ohne Fronten, ohne Verteidigungsetats. Unser größter menschlicher Fortschritt: der Frieden.

Unser drittes Thema: Fake News – und die Lehren, die wir daraus gezogen haben.

Wir erinnern uns daran, wie Menschen in den 2010er- und 2020er-Jahren unter falschen Annahmen wählten. Wie Algorithmen, gezielte Desinformation und emotionale Manipulation dafür sorgten, dass verrückte Präsidenten an die Macht kamen – Menschen, die nicht führten, sondern spalteten. Es war eine gefährliche Zeit, in der Fakten an Bedeutung verloren und Wahrheit verhandelbar schien.

Doch wir sprechen auch darüber, was sich verändert hat. Heute ist der Umgang mit Informationen gesetzlich klar geregelt. Digitale Plattformen tragen Verantwortung. Bildungssysteme vermitteln Medienkompetenz. Und vor allem: Unabhängige Wissenschaft steht wieder im Mittelpunkt gesellschaftlicher Entscheidungen. Nicht Meinungen, sondern Erkenntnisse. Nicht Machtspiele, sondern Verantwortung. Ein Fundament, auf dem sich Vertrauen wieder aufbauen ließ – Stück für Stück.

Dann kommen wir zu einem Thema, das uns schon immer wichtig war: das Grundeinkommen.

Wir erzählen davon, wie es eingeführt wurde – weltweit –

und wie es die Welt verändert hat. Niemand lebt mehr in Existenzangst. Essen, Wohnen, medizinische Versorgung und Zugang zu Bildung sind für alle selbstverständlich geworden.

Armut? Ein Begriff aus der Vergangenheit – überall auf der Welt. Das globale Grundeinkommen hat nicht alle Probleme gelöst, aber es hat die Grundlage für eine gerechtere, menschlichere Gesellschaft geschaffen. Eine Welt, in der Solidarität und Teilhabe nicht mehr von Herkunft oder Vermögen abhängen. Es ist kein perfektes System – aber es war ein Neuanfang. Und er hat funktioniert.

Und dann erzählen wir von unserer geplanten Reise auf die Philippinen.

Die Folgen des Klimawandels – sie sind nicht vergessen, aber sie sind überwunden. Die Philippinen haben sich erholt. Die Inseln, das Meer, die Menschen – sie sind Teil eines neuen Paradieses geworden. Wir sprechen über die Wiederaufforstung, über neue Küstenlinien, über Städte, die jetzt grün statt grau sind. Und wir freuen uns: auf unsere Familie dort, auf das Wiedersehen, auf das Ankommen.

Ein weiterer Programmpunkt auf unserer Liste: das Jeepney-Museum.

Die alten, bunt bemalten Fahrzeuge – einst Symbol für das Chaos und die Schönheit des Alltags – sind heute liebevoll restauriert und ausgestellt. Wir stellen uns vor, wie wir davorstehen werden, schmunzeln, Fotos machen, Geschichten erzählen. Über unsere Wurzeln. Über das, was bleibt.

Zwischendurch lachen wir. Erzählen Anekdoten. Spielen uns Bälle zu wie eh und je. Wir schweifen ab, kommen wieder zurück. Und doch spüren wir beide: Diese Folge ist mehr als nur ein weiterer Dienstag. Sie ist eine Feier dessen, was möglich ist – und ein Dank an all die

Jahre, all die Gespräche, all die, die mit uns gegangen sind.

Und irgendwann, während die Aufnahme noch läuft, blicke ich aus dem Fenster. Der Himmel ist blau. Ich denke zurück an den Tag, an dem wir diesen Text schrieben:

Wir saßen am Fenster, überarbeiteten ein letztes Mal den Text gemeinsam, blickten in den Himmel – und spürten die Vorfreude auf das, was vor uns lag.

Nachwort

Als Brüder, die beide in unseren jeweiligen Berufen eingebunden sind und gleichzeitig an verschiedenen Projekten arbeiten, bleibt uns selten Zeit, innezuhalten. Unsere Köpfe sind voller Ideen, Pläne und Verpflichtungen – doch unsere eigene Kindheit hat uns nie wirklich losgelassen.

Dieses Buch zu schreiben, war für uns eine Reise – nicht nur in die Vergangenheit, sondern auch zu uns selbst. Es fühlte sich an wie eine Zeitreise, die uns durch die prägenden Momente unseres Lebens geführt hat.

Der Anstoß für dieses Buch kam, als wir erfuhren, dass die Frankfurter Buchmesse 2025 die Philippinen als Gastland präsentieren wird. Nach kurzer Recherche stellten wir fest, dass es kaum Literatur gibt, die sich mit Geschichten wie unserer befasst – mit Menschen, deren Identität zwischen zwei Welten verankert ist. Dabei wissen wir, dass es viele gibt, die eine ähnliche Geschichte teilen.

Es geht nicht nur um die Philippinen; es geht um all jene, die als Kinder die Sommer in der Heimat eines Elternteils verbracht haben – um die Vielfalt der Kulturen, in denen sie aufgewachsen sind, und um die Herausforderungen und Freuden, die mit diesem Erbe einhergehen.

Das Schreiben dieses Buches war für uns wie das Öffnen eines alten Fotoalbums. Es brachte Erinnerungen zurück, die längst verblasst schienen, und zeigte uns, wie lebendig diese Vergangenheit noch immer ist.

Es war eine Reise, die uns half zu erkennen, wie stark unsere Wurzeln sind – auch wenn sie in zwei unterschiedlichen Kulturen liegen.

Natürlich fragen wir uns, ob es ein Nachfolgebuch geben wird. Ideen und Geschichten hätten wir auf jeden Fall genug.

Vielleicht führt unsere nächste Reise durch die Küche – denn Essen verbindet unsere beiden Kulturen mindestens genauso sehr wie unsere Erinnerungen.

Wir haben schon oft darüber gesprochen, ein Kochbuch zu schreiben, das genau diese Mischung widerspiegelt: „Schnitzel mit Reis" – ein kulinarischer Streifzug durch unsere deutsch-philippinische Welt.

Ob es dazu kommt? Wer weiß. Aber die Idee ist da, und wer uns kennt, weiß: Wenn wir einmal eine Idee haben, lässt sie uns so schnell nicht mehr los.

Über all die Jahre hat sich vieles verändert – doch eines ist immer gleich geblieben: das Jeepney.

Vielleicht sind heute Bluetooth-Boxen anstelle alter Kassettenrekorder eingebaut – aber der Geist des Jeepneys bleibt derselbe.

Es ist laut, bunt, manchmal chaotisch – aber immer lebendig. Das Jeepney ist ein Teil der Philippinen, ein Symbol für Bewegung, für Gemeinschaft und für das Gefühl, dass jeder irgendwohin unterwegs ist.

Und genau deshalb freuen wir uns umso mehr, dass ihr in unserem Jeepney dabei wart und diese Reise mit uns gemacht habt.

Ob ihr Erinnerungen mit uns geteilt, euch in unseren Geschichten wiedergefunden oder einfach einen kleinen Einblick in unsere Welt bekommen habt – ihr wart ein Teil dieser Fahrt.

Die Reise geht weiter, und wir sind sicher, dass unser Papa mit seinem Weltempfänger längst die richtige Frequenz gefunden hat – und uns zuhört.

In unseren lebendigen Erinnerungen ist er mittendrin: lachend, staunend und voller Freude darüber, wie sich die Zeit verändert.

Danksagung

Zum Abschluss möchten wir all jenen danken, die uns auf diesem Weg begleitet und unterstützt haben. Dieses Buch war für uns mehr als nur ein Rückblick – es war eine Reise zu unseren Wurzeln, eine Gelegenheit, Erinnerungen zu ordnen und mit anderen zu teilen.

Ein besonderer Dank geht an Jasmin, die mit unermüdlicher Geduld unsere Texte Korrektur gelesen und uns immer wieder liebevoll daran erinnert hat, dass es an der Zeit ist, endlich zu veröffentlichen. Wir wissen: Perfektion gibt es nicht – aber manchmal braucht es jemanden, der einen sanft, aber bestimmt in Richtung Ziel schiebt. Danke, Jasmin!

Unser Dank gilt auch unserer Mama, die uns mit ihrer Erinnerungskraft dabei geholfen hat, viele kleine und große Details wieder lebendig werden zu lassen.

Ein herzliches Dankeschön auch an Helga: Durch ihren geliehenen Videorekorder konnten wir alte Aufnahmen digitalisieren – und so noch eine zusätzliche Zeitreise unternehmen, die uns inspiriert und berührt hat.

Ein weiterer Dank geht an Friedhelm Stoll und sein Team, die uns den Verein „Kinderhilfe Philippinen e.V." nähergebracht haben.

Danke an unsere Familie sowie unsere Freundinnen und Freunde – für eure Unterstützung, eure Geschichten, euren Glauben an uns. Ihr habt uns nicht nur inspiriert, sondern auch die Grundlage für vieles geschaffen, das in diesem Buch Platz gefunden hat. Danke auch für eure ehrlichen Rückmeldungen, Ideen und euer Mitdenken – ohne euch wäre dieses Buch nicht das geworden, was es heute ist.

Und schließlich: Danke an euch, die ihr dieses Buch

gelesen habt. Vielleicht habt ihr euch in manchen Momenten wiedererkannt, vielleicht habt ihr neue Perspektiven entdeckt. In jedem Fall hoffen wir, dass ihr ein Stück dieser Reise mit uns teilen konntet.

Salamat und Danke – von Herzen.

Christian und Andrew Weichselfelder
2025